GUIA COMPLETO SOBRE BORDER COLLIES

David Anderson

Para informações, contate LP Media Inc., 30012 Variolite St NW, Princeton, MN 55371

www.lpmedia.org

Dados de Publicação

David Anderson

Guia Completo sobre Border Collies – Primeira edição.

Resumo: "Criando com sucesso um Border Collie desde filhote até a idade avançada" – Fornecido pela editora.

ISBN: 978-1-961846-82-1

[1. Border Collies – Não-Ficção] I. Título.

Este livro foi escrito com a intenção publicada de fornecer informações precisas e autoritativas em relação ao assunto incluído. Embora todas as precauções razoáveis tenham sido tomadas na preparação deste livro, o autor e a editora expressamente se isentam de responsabilidade por quaisquer erros, omissões ou efeitos adversos decorrentes do uso ou aplicação das informações contidas no interior. As técnicas e sugestões devem ser usadas a critério do leitor e não devem ser consideradas um substituto para cuidados veterinários profissionais. Se você suspeitar de um problema médico com seu cão, consulte seu veterinário.

Design por Sorin Rădulescu

Primeira edição em português, 2025

SUMÁRIO

CAPÍTULO 1
O que é um Border Collie?

Se você já viu um cachorro em um comercial de televisão, há uma grande chance de que tenha sido um Border Collie. Ou, se você já assistiu a competições de pastoreio, provavelmente viu um Border Collie guiando o rebanho. Acima de tudo, Border Collies são pastores de ovelhas. Mas quando não estão trabalhando, podem ser excelentes companheiros. São energéticos, brincalhões e extremamente inteligentes. Também são sensíveis, afetuosos e adoráveis. Embora essa raça ainda seja vital para criadores de gado, vamos focar no Border Collie como animal de estimação neste livro.

História

Foto cortesia de Joe Rook

O Border Collie é originário da fronteira entre Inglaterra e Escócia. Embora não seja exatamente certo quando a forma inicial dessa raça foi utilizada pela primeira vez, eles provavelmente eram chamados de "cães pastores", já que essa era sua função. Em geral, cães de pastoreio datam dos tempos bíblicos; embora esses cães fossem de várias raças, eles provavelmente eram escolhidos por sua capacidade de ajudar um pastor a cuidar de um rebanho, e não por pertencerem a uma raça específica. Esses cães foram criados por sua inteligência e agilidade e não se pareciam com o Border Collie de hoje. Acredita-se que a formação do Border Collie veio de anos de cruzamento de cães com características úteis para criar o pastor perfeito. Mas, como a produção de lã era tão importante para os britânicos, podemos rastrear os primeiros Border Collies — tal como são hoje— nessa região, há aproximadamente quinhentos anos.

A partir de 1700, surgiram mais registros sobre cães pastores que já batiam com a descrição do Border Collie atual. Um tema comum nesses relatos era o famoso "olhar" da raça — aquele olhar intenso, quase hipnótico, que esses cães usam para guiar as ovelhas. Esse foco fixo, quase como um laser, virou uma marca registrada do Border Collie no pastoreio. Em algum momento, essa ampla classificação de "cães pastores" foi dividida em raças mais específicas, conforme o tipo de trabalho no pasto. Os que se destacavam no manejo de gado ganharam uma designação, enquanto os mais eficientes com grandes rebanhos de ovelhas receberam outra.. Muitas dessas raças não existem mais, mas o Border Collie prevaleceu e ganhou maior destaque por volta do final do século XIX.

Em 1859, o Border Collie fez a transição de ser estritamente um cão de trabalho para também ser um cão de exposição. Com a criação de provas de pastoreio, essa raça foi apresentada às pessoas comuns. As pessoas naturalmente gostaram desse cachorro por causa de sua velocidade, agilidade, mente afiada e aparência bonita. Essa popularidade resultaria na raça se tornando ainda mais refinada, à medida que os donos tentavam criar o espécime perfeito. Embora estivessem prestes a se tornar animais de estimação, características como o "olhar" do Border Collie e uma forte ética de trabalho ainda eram muito valorizadas.

Mas com a recém-descoberta popularidade da raça, havia preocupações sobre as características que estavam sendo introduzidas nos cães. Naturalmente, os pastores queriam que as melhores características de pastoreio fossem incorporadas aos cães. Por outro lado, os treinadores tinham uma ideia diferente sobre o que fazia um bom cão de exposição. Enquanto as ovelhas não ligam para a aparência de um cão, no ringue isso faz toda a diferença. Alguns temiam que as características de pastoreio fossem abandonadas em favor de características estéticas, enfraquecendo o instinto superior da raça.

À medida que o império britânico se expandia para áreas no exterior, o mesmo acontecia com seus cães de trabalho. A raça que antes era encontrada em uma área específica foi transportada para todo o mundo. O Border Collie apareceu nos Estados Unidos no final do século XIX e se tornou inestimável para os pastores. Na Nova Zelândia, onde as ovelhas superam o número de pessoas, sempre há trabalho para um Border Collie. Recentemente, pastores experimentaram usar drones para pastorear ovelhas como alternativa aos cães, mas descobriram que eles não eram tão eficazes. Esses cães não ficarão sem emprego tão cedo.

Felizmente, os Border Collies dos dois mundos — trabalho no campo e exposições — conseguem coexistir. Nem todo Border Collie é igual — alguns vivem para trabalhar com ovelhas, enquanto outros preferem a companhia humana. Para uma raça tão singular, não há necessariamente um padrão exato a ser alcançado, mas sim um guia para criação com um propósito específico. Mesmo hoje, você vai perceber que alguns cães se saem melhor nos pastos, e outros são mais adequados para o lar. Os pastores continuam a criar bons trabalhadores de acordo com as características que valorizam em um pastor. Da mesma forma, os treinadores envolvidos com clubes de cinofilia buscam formar campeões criam cães para criar campeões. No final, essa raça tão reconhecível tem a flexibilidade de viver na fazenda ou em casa, graças à sua natureza e criação.

Aparência

Os Border Collies têm algumas variações na aparência, mas todos compartilham certas características que os tornam cães adoráveis. Como ainda são muito usados para cuidar de rebanhos, geralmente há menos preocupação em criar cães focando só na aparência, a não ser que os filhotes estejam destinados a exposições. Embora alguns Border Collies façam truques e tenham aquele visual bonito de comercial, nem todos se encaixam nessa categoria. Border Collies são cães de porte médio, grandes o suficiente para impor medo às ovelhas, mas pequenos o suficiente para serem ágeis. Em média, esse cão tem cerca de 45-56 centímetros de altura e pesa entre 16 e 23 quilos. As patas dianteiras são fortes o suficiente para suportar seu peso corporal enquanto se agacham, para que não se cansem enquanto trabalham, e as patas traseiras são musculosas e elásticas para impulsioná-los para frente. Eles também têm um peito longo e profundo com amplo espaço para os pulmões absorverem muito ar enquanto correm. Quando recebem o exercício que precisam, os Border Collies não tendem a ficar gordinhos; eles eles têm ombros e peito largos e cintura fina. Essa raça é elegante e construída para velocidade, mas ágil o suficiente para caber em cantos apertados e parar instantaneamente. Essa agilidade é evidente quando estão trabalhando com ovelhas em um pasto ou quando você está tentando pegar seu Border Collie solto depois de sair da coleira.

A pelagem é onde existe alguma distinção entre os Border Collies de trabalho e os de exposição. O tipo de pelagem pode ser classificado como áspero ou liso. Claro, é possível que haja qualquer comprimento ou textura entre os dois tipos, dependendo das características herdadas dos pais. O tipo liso é curto e áspero, parecido com o pelo de outros cães de pelagem curta, como os Labradores. Esse tipo de pelagem é indiscutivelmente a melhor para cães de trabalho, já que exige pouca manutenção. Os Border Collies de trabalho precisam ser capazes de correr sem que galhos e excrementos de animais fiquem presos em seus pelos. Se um Border Collie precisar correr por entre espinhos, o pelo liso passa sem enroscar nem rasgar. Se esse cão ficar sujo, ele só precisa de um enxágue rápido antes de voltar ao trabalho.

O Border Collie de pelagem áspera é o que provavelmente será visto em uma exposição de cães ou em comerciais. Esse cão tem pelos longos e fluidos que podem ser retos ou ondulados. Muitos Border Collies de pelagem áspera têm franjas na parte de trás das pernas e ao redor do rosto. Esse tipo de pelagem não requer tosa profissional, mas precisa de uma boa escovação, ou então nós e emaranhados podem aparecer.

Ambos os tipos de pelagem têm uma subcamada e uma camada superior. A subcamada é o que protege o Border Collie de condições climáticas adversas. Ela os mantém aquecidos no frio intenso e também os torna resistentes à chuva e à neve. Ela cresce espessa e cheia no inverno e diminui quando o clima fica quente. É quando a escovação é mais importante, ou a subcamada solta não vai sair direito e acabar virando nós no pelo.

Embora muitos Border Collies sejam brancos e pretos, existem mais variações possíveis na raça. Border Collies brancos, ou aqueles com manchas brancas mais proeminentes, podem ser favorecidos como cães pastores porque são mais fáceis de enxergar em um campo. Além disso, suas marcas coloridas os ajudam a se destacar no meio de um rebanho branco. Embora os cães bicolores em branco e preto — ou branco e marrom — sejam muito comuns, essa raça também pode ser de uma única cor, tricolor ou com padrão *merle*, uma característica de pelagem em cães que cria um efeito marmorizado ou mesclado na cor do pelo. Azul, tigrado, cinza e castanho são outras possibilidades de cores.

Características Comportamentais

Assim como não há um único tipo ou cor de pelagem ideal para o Border Collie, não há uma lista universal de traços de personalidade do Border Collie. Traços de personalidade são resultado de criação e socialização. É preciso uma compreensão abrangente da raça para lidar bem com ambos. Como acontece com a aparência, as características de personalidade que se adequam a um propósito podem não ser as melhores para outro. Um criador de gado vai ter um conjunto de critérios bem diferente de um treinador de obediência. Mas, em geral, os Border Collies podem ser extremamente inteligentes, energéticos, amigáveis e sensíveis.

A inteligência é talvez a característica mais proeminente do Border Collie. No pasto, esse cão pode entender comandos específicos e responder de acordo. Eles também se destacam em competições de obediência e corridas de agilidade porque podem aprender novas habilidades rapidamente e responder a comandos desafiadores. Esses cães são tão inteligentes que podem aprender um vocabulário bastante extenso e identificar objetos pelo nome. Talvez o exemplo mais famoso disso seja Chaser, uma Border Collie que conhecia mais de mil palavras. Eles também são capazes de entender a gramática humana, sendo capazes de ouvir uma frase com substantivos, verbos e preposições, e responder ao comando. Por exemplo, um Border Collie muito bem treinado pode ouvir o comando "Deixe a bola embaixo da mesa" e fazer exatamente isso.

Esses cães também são uma fonte inesgotável de energia. Originalmente criados para trabalhar o dia todo, esses cães raramente são preguiçosos. Se não estiverem reunindo ovelhas, estarão implorando para você jogar a bola por horas. Eles podem perseguir pássaros e coelhos pelo quintal por um tempão' sem se cansar. Caminhadas diárias são inegociáveis com essa raça. Eles precisam de uma longa caminhada ou uma corrida curta apenas para atender às necessidades básicas. Além disso, precisam brincar bastante. Embora você possa pensar que cansou seu cão com um jogo vigoroso de frisbee, eles estarão prontos para continuar após um breve descanso.

Junto com a energia física, eles têm muita energia mental. Seja configurando um jogo de quebra-cabeça para eles brincarem ou levando-os a um novo lugar com coisas novas para cheirar, eles precisam ser continuamente estimulados mentalmente para evitar que fiquem loucos de tédio.

A sensibilidade também é importante para a raça. Em termos simples, a sensibilidade de um cão os ajuda a perceber coisas que outros cães (e humanos) podem ignorar. Isso faz com que um cão pareça mais intuitivo ao realizar um trabalho. Na fazenda, um Border Collie se destacará no pastoreio se for capaz de ouvir os comandos de seu dono, entender como o rebanho está agindo e reagir de acordo para fazê-los se comportar. No ringue de obediência, pode ser mais fácil treinar um Border Collie porque eles estão sempre ansiosos para agradar seu dono. Às vezes, essa sensibilidade faz parecer que um cão sabe distinguir o certo do errado sem nunca ter sido ensinado certas habilidades. Eles podem identificar emoções na voz e na linguagem corporal de seu dono. Outras vezes, essa sensibilidade pode fazer com que eles fiquem assustados se perceberem algo inofensivo como uma ameaça.

Especialmente em Border Collies que foram criados para serem companheiros, esses cães são doces e afetuosos. Um Border Collie provavelmente vai até um estranho e lambe o rosto dele sem pensar duas vezes. Eles estão sempre ansiosos para agradar e se dão bem com crianças. São ótimos animais de companhia também excelentes cães de apoio emocional porque podem captar as emoções de seu dono e estar disponíveis para abraços sempre que necessário. Se estiver no lar certo, um Border Collie pode se transformar em um pequeno "cão velcro" que fica ao lado de seu dono e olha para ele a cada momento. Eles vão chorar quando você sair e o te recebem com um rabo abanando quando você voltar para casa.

Nem todas as características comuns são positivas. Embora seu Border Collie possa ser um trabalhador árduo, ele também pode ser mandão em sua casa. A determinação e teimosia que eles usam para conduzir ovelhas também podem ser usadas para empurrar as pessoas. Esse cão pode aproveitar a oportunidade para pastorear crianças pelo quintal, mordiscando seus tornozelos. Esse cão também pode choramingar incessantemente até que você o deixe sair para perseguir pássaros, ou latir para você até que você se mova para que eles também possam sentar no sofá. No entanto, com trabalho suficiente, comportamentos indesejados podem ser corrigidos.

Um Border Collie é a Escolha Certa para Você?

Alguns criadores e donos de Border Collie não acreditam que essa raça deva ser mantida apenas como animal de estimação. Essa ideia geralmente vem de donos que usam seus cães apenas para pastoreio. Esses donos pensam que esses cães são tão energéticos e respondem tão positivamente ao trabalho que simplesmente não conseguiriam ficar satisfeitos vivendo em uma casa como animal de estimação.

Claramente, isso é uma polêmica para os entusiastas do Border Collie. Dizer que um Border Collie absolutamente não pode ser um animal de estimação nem sempre é correto. No lar certo, um Border Collie pode brilhar. Afinal, nem todos os Border Collies são adequados para trabalhar como cães pastores. Alguns são muito tímidos para lidar com animais grandes e barulhentos.

Donos e criadores acertam em casos em que um potencial dono não está preparado e nem é capaz de cuidar de um Border Collie de uma maneira que lhe dará uma vida feliz. Border Collies precisam trabalhar, mas

Foto cortesia de Lynne Frater

"trabalho" pode ser definido vagamente como qualquer coisa que dê um propósito a um cão. Embora um cão fique satisfeito reunindo ovelhas o dia todo, eles também podem encontrar propósito em buscar objetos ou recuperar brinquedos pelo nome.

Mas quando se trata de trazer um Border Collie para casa, um novo dono deve ser muito honesto com sua capacidade de cuidar dessa raça. Infelizmente, as pessoas compram essa raça porque são fofos e inteligentes, mas não têm os meios para cuidar deles. Às vezes, um cão foi criado especificamente para pastorear, mas o dono tem apenas um pequeno quintal e não tem tempo livre suficiente. Quando as coisas inevitavelmente dão errado, o dono pode ser forçado a entregar seu cão a um abrigo. Então, o cão deve repetir o processo de ser escolhido para ir para uma nova família.

Não é fácil admitir que você pode não estar pronto para o cão dos seus sonhos, mas é melhor para você e para o cão a longo prazo. Um bom tutor pode ser honesto consigo mesmo e decidir se seu cão está vivendo a vida que merece. Encontrar um novo lar pode ser difícil se as coisas não derem certo, mas é bem melhor do que permitir que o cão desenvolva comportamentos problemáticos porque não está recebendo o que precisa. Primeiro, pense no seu tempo disponível. Se você trabalha fora de casa e passa muito tempo longe, deve encontrar uma maneira de levar seu cão para fora para o exercício necessário. Esse cão precisará de pelo menos uma longa caminhada por dia, além de muito tempo para brincar. Você deve ser capaz de reservar pelo menos duas horas por dia para se concentrar exclusivamente em seu cão. Outras atividades no tempo livre consistirão em jogar a bola ocasionalmente ou simplesmente acariciar seu Border Collie enquanto assistem TV juntos. Esse cão não gosta de ser ignorado.

Em seguida, considere sua própria capacidade de se exercitar com seu cão. Embora os cães sejam uma ótima desculpa para entrar em forma, vocês dois ficarão infelizes se você não puder participar de exercícios moderados a intensos regularmente. Se você não puder ou não quiser fazer uma longa caminhada nos dias mais frios do inverno, talvez seja mais feliz com outra raça.

Então, considere sua motivação para o treinamento. Se você não se importa em fazer corridas de três quilômetros com seu filhote, mas não tem interesse em treinamento de obediência, o relacionamento não funcionará. Um Border Collie quer aprender novos comandos e praticá-los regularmente, então se você economizar no treinamento, seu cão não ficará satisfeito. Um dono de Border Collie não pode ser egoísta com seu tempo.

Finalmente, pense em seu espaço. Um apartamento não é o melhor lar para um Border Collie. Eles precisam de amplo espaço para esticar as pernas. Da mesma forma, se você mora em uma casa sem um quintal cercado, pode ter um cão inquieto em suas mãos. Poder jogar uma bola no quintal pode te salvar de passar horas no parque só para queimar energia suficiente e fazer o cão descansar. A cerca é vital porque se seu aventureiro Border Collie escapar, não será fácil trazê-lo de volta. Basta um carro ou um coelho cruzar seu caminho, e ele já terá sumido. Embora possa ser possível suprir suas necessidades de exercício fora de casa, é muito mais fácil brincar e correr quando você não precisa sair com uma coleira.

Por outro lado, essa raça não gostará de ser deixada do lado de fora o dia todo e a noite, a menos que ainda possam ser o centro das atenções. Embora adorem passar o tempo livre no quintal, vagando e explorando, eles são bons companheiros porque adoram socializar com pessoas. Eles querem se sentir incluídos em sua família humana. Um espaço ao ar livre é necessário para um Border Collie, mas considere permitir que seu cão passe bons momentos dentro de casa com sua família também.

Outra coisa que pode atrapalhar a felicidade de um Border Collie é a falta de conhecimento do tutor sobre como cuidar de um cão. Felizmente, existem toneladas de recursos disponíveis! Aulas de adestramento são uma ótima maneira de aprender mais sobre como treinar seu cão, além de ter um especialista por perto caso você tenha perguntas específicas. Um veterinário também é uma boa pessoa para recorrer se você estiver preocupado com a saúde do seu cão. Claro, com sorte, quando terminar de ler este livro, você se sentirá confiante em sua capacidade de cuidar do seu novo Border Collie. Um bom dono se esforça para se educar sobre as necessidades de seu cão e busca ajuda quando há um problema. Quando se trata de criar um cão, os Border Collies não são a raça mais fácil de administrar. Mas se seu lar e estilo de vida puderem atender às necessidades desse cão, vale absolutamente a pena trazer um desses filhotes encantadores e peculiares para sua casa.

CAPÍTULO 2
Escolhendo um Border Collie

"As melhores características de um border collie são definitivamente sua versatilidade e adaptabilidade. Um border collie pode trabalhar com ovelhas o dia todo no campo e depois brincar gentilmente de bola com uma criança pequena da família à noite."

Josie Casebere
https://borderlinekennels.wixsite.com/mysite

Depois de decidir que você tem o tempo disponível e os recursos necessários para cuidar de um Border Collie, é hora de pensar onde você quer conseguir seu cão. Não existe uma resposta correta quando se trata da origem do seu cão, apenas o que é melhor para você e sua família.

Comprar ou Adotar?

Você precisará escolher se prefere comprar seu novo filhote de um criador ou adotar um de um abrigo. Existem prós e contras que acompanham ambas as opções, então é uma boa ideia sentar e decidir o que é mais importante para você e sua família em seu novo pet.

Se você comprar um filhote de um criador respeitável, terá uma boa ideia do que vai receber. Bons criadores selecionam cães com características desejáveis para transmitir aos filhotes. Um criador pode informar sobre traços específicos de personalidade e a aparência física dos cães pais. Dessa forma, você não terá que lidar com suposições para descobrir como será seu cão adulto depois que ele passar pela fase de filhote.

Por exemplo, você pode encontrar um criador especializado em cães de pastoreio, que vai te contar que seus filhotes são ágeis, focados, sensíveis e resistentes. O criador pode até mostrar os pais e provar que vêm de linhagens habilidosas. Ou você pode encontrar um criador que cria cães campeões de exposições. Esses cães podem ser um pouco menos intensos que a maioria, serem sociáveis e terem uma aparência digna de prêmios. Antes de comprar, decida o que você está procurando em um Border Collie para que seu dinheiro seja bem gasto.

Um bom cão não é barato. Criadores podem cobrar preços altos porque são habilidosos no que fazem, e a linhagem do filhote vale cada centavo. Mil reais por um filhote pode parecer exorbitante para o dono casual, mas para um fazendeiro, o cão vai se pagar com trabalho duro. Ou se você está determinado a criar um cão campeão de exposições, talvez queira seguir esse caminho.

Outro motivo pelo qual você pode escolher comprar um cão é a preocupação com a saúde do seu novo animal. Cães de criadores sem experiência têm mais probabilidade de ter distúrbios genéticos que podem reduzir sua qualidade de vida ou encurtar sua expectativa de vida. Um bom criador saberá como evitar que tais problemas apareçam, econo-

Foto cortesia de Toni Harvey

mizando centenas de reais em cuidados veterinários. Para alguns potenciais donos, o preço alto de um cão bem criado compensa a longo prazo.

Da mesma forma, alguns proprietários podem achar que é mais fácil treinar um cão do zero. Se eles viveram em uma casa que não lhes deu o treinamento e a socialização necessários quando filhotes, pode ser mais difícil corrigir maus hábitos. Por exemplo, se o dono anterior não ensinou seu filhote como se comportar durante um passeio, o próximo dono pode achar impossível passear com seu Border Collie sem que ele persiga carros. Com um filhote, você pode garantir que é a única pessoa moldando seu comportamento.

Mas a maior desvantagem de comprar um cão é ignorar todos os bons cães que precisam de um lar amoroso. Isso fica ainda mais evidente quando os cães são comprados de criadores inexperientes ou "de fundo de quintal". Negócios que criam cães apenas para obter lucro não devem ser incentivados, porque a oferta de cães mal criados prejudica a demanda por cães perfeitamente bons disponíveis para adoção.

É um equívoco pensar que os Border Collies são colocados em abrigos porque há algo errado com eles. Na verdade, muitas descrições em sites de adoção deixam claro que um determinado cão precisa de um certo tipo de lar. Os Border Collies são frequentemente abandonados porque o dono não tinha condições de cuidar deles em primeiro lugar. Na realidade, o problema geralmente é o dono anterior, não o cão.

Claro, você pode descobrir que um Border Collie foi abandonado porque não se dava bem com crianças ou outros animais de estimação. De novo, isso não o torna um cão ruim, mas um cão que precisa de um tipo específico de lar. Alguns Border Collies podem ficar irritados ou morder os calcanhares de crianças agitadas, ou simplesmente não gostam de dividir a atenção dos tutores com outro cão. Não há nada de errado nisso, porque o mesmo cão pode ser um verdadeiro anjo em uma casa sem crianças e sem outros pets!

Conhecer a personalidade e o histórico de um cão é um benefício da adoção. Como o cão já viveu em uma casa, o abrigo terá uma boa ideia de como ele é. Como bônus adicional, um abrigo pode combinar seu estilo de vida com as características do cão para que você tenha mais chances de encontrar seu companheiro perfeito.

Além disso, não dá para competir com o custo de um cão adotado. Por apenas algumas centenas de reais, você pode receber um cão que já está castrado ou esterilizado, com vacinas em dia e talvez até microchipado! Esta é uma boa opção se você não quer esgotar suas economias com um filhote e já orçou seu dinheiro para comprar ração e suprimentos para cães.

Algo que as pessoas não consideram ao comprar um novo filhote é que filhotes dão muito trabalho. Além de precisarem ser treinados para fazer suas necessidades no lugar certo, eles frequentemente mordem, latem e fazem outras coisas que não deveriam. Nem todos os cães adotados são perfeitos, mas se você adotar um cão um pouco mais velho, talvez não precise acordar de madrugada para deixar o cão sair ou limpar constantemente poças de xixi. Filhotes novos são fofos e muito divertidos, mas um cão mais velho é muito mais fácil de cuidar. Sem mencionar que os Border Collies são uma das raras raças que são tão fofos — se não mais — quando adultos quanto quando filhotes.

Outra coisa que um novo dono pode não perceber é que nem sempre é fácil adotar um cão. Um criador pode fazer perguntas sobre sua casa, mas dificilmente vai aparecer para inspecionar a altura da sua cerca. Muitos abrigos e resgates de Border Collie pedirão que um novo dono preencha um questionário e negarão adoções para qualquer situação que considerem inadequada. Isso serve para garantir que um cão vá para uma casa bem preparada e não volte em alguns meses por causa de problemas. Pode parecer excessivo exigir inspeções domiciliares,

Foto cortesia de
Winsome Marshall

visitas de acompanhamento e referências, mas tudo isso é feito pensando no bem-estar do Border Collie.

É óbvio que a adoção é uma ótima opção porque proporciona um bom lar para um cão que precisa de amor. Pode ser difícil encontrar o Border Collie perfeito, mas ele existe — só pode levar algum tempo e esforço para encontrá-lo.

Como Encontrar um Criador Respeitável

Foto cortesia de Sara James

Se você decidir que prefere comprar seu novo Border Collie, é importante encontrar um bom criador que conheça bem a raça. Muitos criadores reproduzem Border Collies porque são apaixonados por manter boas qualidades genéticas na raça e querem garantir que essas características nunca desapareçam. Outros criadores estão procurando uma maneira de ganhar dinheiro, já que os Border Collies são populares, fofos e bons em truques. O primeiro tipo faz um bom criador; o segundo deve ser evitado.

Uma boa maneira de encontrar um criador de Border Collie é conversar com outros especialistas e proprietários. Veterinários, adestradores, clubes de cães e associações de clubes de cinofilia são todos bons lugares para começar. Mesmo que seu contato principal não conheça um criador, pessoas do meio canino geralmente ficam felizes em colocá-lo em contato com outros especialistas que conhecem. Você pode até visitar uma exposição ou competição de cães para fazer contatos com outros proprietários e adestradores de Border Collie.

Outra opção é realizar uma pesquisa na Internet. O problema com isso é que uma pesquisa produzirá muitos resultados e nem todos serão bons. Esta rota exige mais trabalho porque você terá que inspecionar cada criador individualmente para eliminar os ruins. É fácil ficar sobrecarregado com a quantidade de opções a ponto de desistir de fazer uma pesquisa cuidadosa e escolher o criador mais próximo.

Sugestões de amigos e familiares também podem ser úteis, mas tenha em mente que nem todas as recomendações serão boas. Ao aceitar indicações, leve em consideração a fonte da indicação e o quanto essa pessoa entende de Border Collies. Caso contrário, você pode acabar comprando um cão de um amigo de um amigo apenas para descobrir que as características do cão não são ideais para sua casa.

Além disso, se um criador estiver vendendo filhotes nascidos de seu cão pastor, tome cuidado. Embora eles possam criar ótimos pastores, a menos que você planeje pastorear com seu novo cão, provavelmente vai se sair melhor escolhendo um cão de linhagem voltada para exposições.

Escolhendo um Criador

"Ouça as recomendações dos criadores. Eles conhecem os temperamentos dos pais e têm observado atentamente os filhotes desde o nascimento."

Karen Moureaux
www.bordercollie.tv

Agora que você refinou sua busca, é hora de examinar mais de perto os criadores em sua lista final. Em geral, você está procurando um criador que seja aberto e honesto sobre seu trabalho e transparente em suas práticas. Um bom criador vai querer saber mais sobre você e incentivará uma linha de comunicação durante o processo de compra.

Antes de tudo, um bom criador deve ser apaixonado por Border Collies. Você deve poder fazer qualquer pergunta sobre a raça e receber uma resposta informada. Essas são pessoas que trabalham com a raça há anos e têm muita experiência trabalhando com eles e exibindo-os. Peça exemplos de cães campeões ou eventos onde os filhotes se saíram bem. Alguns Border Collies se destacam em competições de obediência, enquanto outros são incríveis em esportes como *flyball*. Dependendo do que você gostaria de fazer com seu Border Collie, pode querer escolher um criador com algum sucesso nessas áreas.

A genética é uma ciência, e seu criador deve ter uma boa compreensão de como as características são transmitidas do cão para a descendência. Certifique-se de perguntar sobre quais características eles valorizam em seus cães. Isso pode ajudá-lo a verificar o entendimento deles sobre reprodução adequada, garantindo que o cão seja o certo para você. Um bom criador é cuidadoso para excluir características indesejadas e doenças genéticas em suas ninhadas.

Você também deve poder visitar as instalações do seu criador, que geralmente ficam em sua casa. Durante sua visita, verifique se as áreas onde os filhotes vivem estão limpas e têm um cheiro higiênico. Espaços apertados e sujos são um sinal de que o criador não está interessado na saúde dos filhotes. Um criador que se recusa a deixar você visitar pode estar escondendo algo.

Durante sua visita, você vai querer conhecer os pais do seu potencial novo cão. Passe algum tempo com eles e decida se possuem as qualidades que você deseja em seu pet. Eles são amigáveis com você? Eles são responsivos e bem-comportados, ou são desobedientes, agressivos ou assustados? A cadela está dando à luz de acordo com um cronograma planejado, ou está tendo mais filhotes do que o corpo dela aguenta? Se você gosta de estar perto dos pais, há uma boa chance de que você goste dos filhotes.

Você não deve ser o único a fazer perguntas durante essas conversas. Um bom criador se preocupa muito com o destino de seus filhotes. Assim como um abrigo faria, eles devem fazer perguntas básicas sobre sua experiência com cães, especialmente Border Collies. Basicamente, eles querem saber se você tem o espaço, tempo, conhecimento e energia para esta raça.

Se tudo estiver em ordem, então é hora de escolher um cão! Se você vir algum sinal de alerta durante o processo, confie em seu instinto. Não tenha medo de pedir mais esclarecimentos se receber respostas duvidosas. Se você não se sentir bem com um determinado criador, não tenha medo de seguir em frente. A última coisa que você quer fazer é acabar com um cão que não combina com você ou contribuir para a superpopulação de cães por ter apoiado um negócio ruim.

Comprovações e Garantias

Se você encontrou um bom criador, ele deve fornecer comprovação de que seu filhote é de boa linhagem. Muitos ficam felizes em fornecer aos novos proprietários um certificado de *pedigree*. Esta é uma documentação que comprova que seu cão vem de uma longa linhagem de Border Collies bem-criados. Você também pode receber comprovação de que os pais estão registrados em associações de clubes de cinofilia.

Se você está comprando um Border Collie caro, vai querer comprovação de um veterinário de que os pais estão livres de doenças genéticas. Problemas como a Anomalia Ocular do Collie e a displasia de qua-

Foto cortesia de
Joe Rook

dril são comuns nesta raça, então você vai querer ter certeza de que seu filhote não acabará sofrendo dessas doenças.

Quando se trata do seu novo filhote, você vai querer algumas garantias de que está recebendo o prometido. No momento em que você buscar seu novo filhote, o criador já deve ter levado a ninhada para uma consulta veterinária. Durante esta primeira visita, os cães geralmente são vermifugados, vacinados e potencialmente tiveram os dedos vestigiais removidos. Seu criador deve ser capaz de fornecer documentação desta visita e a aprovação do veterinário de que seu cão está saudável para ser vendido.

Por sua vez, um criador pode pedir que você leve o novo filhote ao seu próprio veterinário, como forma de proteção para ambos. Isso não apenas garante que seu filhote esteja saudável, mas verifica as informações que o criador forneceu a você.

Finalmente, certifique-se de que seu criador está interessado em manter um relacionamento com você e seu cão após a venda ser finalizada. Se algo não der certo com o cão, eles permitirão que você devolva o filhote e receba um reembolso? Eles serão uma fonte de informação e conselhos quando se trata de preparar seu cão para aulas ou competições? Se sim, então você encontrou um bom criador. Você pode retribuir a parceria dando atualizações sobre seu filhote e indicando-os a outros potenciais proprietários.

Escolhendo Seu Novo Border Collie

"Procure um criador que realmente trabalhe com seus filhotes. Existe um mundo de diferença entre um filhote de 10 semanas que foi criado em um celeiro e um que foi bem socializado e trabalhado DIA-RIAMENTE!"

Josie Casebere
https://borderlinekennels.wixsite.com/mysite

Mesmo que você tenha uma boa ideia de como será a ninhada, sempre há uma pequena variação entre os filhotes. É fácil se deixar levar pela escolha do filhote mais fofo, mas a personalidade é mais importante em um animal de estimação. Procure um filhote que não seja nem muito dominante nem muito passivo. Você quer um filhote curioso e brincalhão, mas não agressivo. Um Border Collie calmo e feliz é bom, mas você não quer um que seja muito tímido ou assustado.

Quando se trata de escolher um sexo, não há uma grande vantagem para um lado ou outro. Os machos tendem a amadurecer mais lentamente e podem ser um pouco mais animados que as fêmeas, que geralmente se acalmam mais cedo. Os machos também podem sentir a necessidade de marcar seu "território" mais do que as fêmeas. Mas uma vez que os filhotes são castrados ou esterilizados, a diferença entre os comportamentos dos sexos diminui. Se você está preocupado com características inerentes aos diferentes sexos, considere focar sua atenção nas características individuais do filhote.

Se você ainda não tem certeza sobre qual cão escolher e confia em seu criador, peça a opinião dele. Eles lidaram com muitos filhotes ao longo de sua carreira; depois de conhecer você melhor, eles devem ser capazes de combinar você com o filhote certo.

Dicas para Adoção

Existem muitas maneiras de encontrar o Border Collie certo para adotar, mas geralmente é preciso paciência. Se você está determinado a ter um cão de raça pura com um tipo específico de pelagem ou cor, pode esperar um tempo até que o certo apareça.

O lugar mais comum para adotar é em um abrigo local. No entanto, como cães de todas as raças são trazidos para o mesmo lugar, pode levar algum tempo até que um Border Collie apareça. Se você não quer esperar e não se importa se seu filhote é local, existem sites que coletam informações de um grande número de abrigos para que você possa encontrar o cão dos seus sonhos em algum lugar do país. Se você não se importa em dirigir uma distância considerável para buscar seu filhote, esta é uma boa opção.

Outro lugar onde você pode adotar um cão é em um resgate de Border Collie. Estes são abrigos que atendem apenas Border Collies. Você pode ter maior dificuldade em adotar um desses cães porque eles têm altos padrões para novos donos. Enquanto um abrigo geral de cães pode ter um questionário mais simples, um resgate de Border Collie garantirá que você está apto a adotar um Border Collie. Alguns resgates podem até pedir que você preencha um questionário antes mesmo de poder ser combinado com um cão para evitar "visitas só para olhar". Esses voluntários passam muito tempo com os resgatados e conhecem as personalidades e desafios dos cães.

Quando você achar que encontrou um cão que é certo para você, é hora de visitar o Border Collie. Reserve bastante tempo para se apresentar lentamente ao cão e conhecê-lo. Pergunte se pode levá-lo para um passeio ou brincar de bola, para ter uma ideia melhor de como ele reage. Se você tem filhos, leve-os junto. Certifique-se de que a experiência seja positiva e não estressante para o cão. Se você está encantado após a primeira visita, não se apresse em assumir um compromisso. É difícil dizer como será viver com um cão após apenas uma visita rápida no território dele.

Uma visita domiciliar é um próximo passo importante. Esta é uma maneira de experimentar o cão em sua casa, e para o cão experimentar você. É natural que um Border Collie fique um pouco desconfiado em um novo lugar. Mas se ele estiver razoavelmente calmo, curioso e brincalhão durante a visita domiciliar, é um bom sinal de que as coisas vão dar certo. Esta visita também é importante para garantir que o Border Collie se dê bem com quaisquer outros animais de estimação ou crianças que vivem na casa. Se ele for agressivo com animais de estimação ou crianças, pode não ser uma boa escolha.

Se tudo correr bem, então é hora de adotar e trazer seu Border Collie para casa de vez. Mantenha contato com o abrigo ou resgate durante a primeira semana em casa. Infelizmente, problemas podem surgir, e é importante ter suporte disponível para dizer se o problema pode ser resolvido ou se o cão precisa retornar ao abrigo.

Não importa o quão animado você esteja para apresentar um novo animal de estimação à sua casa, não apresse o processo de escolher um Border Collie. Esta raça não pode viver em qualquer casa, então é importante ser honesto consigo mesmo sobre o que funciona e o que não funciona. Embora muito do comportamento de um cão possa ser trabalhado, existem algumas características que só causarão infelicidade para você e para ele. Paciência é uma característica importante para o dono de Border Collie, e o processo de compra/adoção pode ser um importante primeiro teste como novo dono. Faça sua pesquisa e, com o tempo, você encontrará o cão perfeito para você.

CAPÍTULO 3

Preparando Sua Casa para Seu Border Collie

"Quando você adiciona um border collie à sua família, você está ganhando um novo melhor amigo. Eles adoram companhia."

Josie Casebere
https://borderlinekennels.wixsite.com/mysite

O processo de preparar sua casa para a chegada do seu novo amigo deve começar antes mesmo de você ter seu Border Collie em mãos. Quando você compra um filhote, provavelmente terá um tempo extra para se preparar enquanto seu cachorrinho aprende a viver sem a mãe dele. Se você está adotando, pode ter menos tempo entre escolher um cão e trazê-lo para casa. A preparação pode fazer uma enorme diferença entre uma transição tranquila ou estressante — tanto para você quanto para seu Border Collie. Então, se você está pensando em ter um cachorro no futuro próximo, é bom começar a se preparar mentalmente o quanto antes para não ficar correndo freneticamente pela casa tentando deixar tudo perfeito para seu novo cão.

Preparando Crianças e Outros Pets

Border Collies geralmente são ótimos com crianças e costumam se dar bem com outros animais de estimação, mas uma nova situação pode mudar como um cão pensa ou se sente. Border Collies conseguem perceber o estresse nos humanos; então, se você estiver nervoso sobre como ele vai reagir com os outros membros da sua casa, ele vai achar que também precisa ficar nervoso.

Como dono, você deve sempre supervisionar quando seu cachorro estiver perto de crianças muito pequenas. Se seu filho não consegue entender os sinais do seu cão ou seguir suas instruções sobre como se comportar perto de um cachorro, é sua responsabilidade garantir que ninguém se machuque. Um cão não pode ser culpado por se comportar como um cão, assim como uma criança pequena não pode ser responsabilizada por suas ações se não for velha o suficiente para se comportar adequadamente perto de um animal.

Foto cortesia de
Yvonna Wain

Primeiro, converse com seus filhos sobre como se comportar perto de um cachorro. Com o tempo, um Border Collie pode lidar bem com crianças correndo e fazendo barulho no quintal, mas, para começar, tente fazer com que seus filhos fiquem calmos e quietos. Com centenas de coisas novas e potencialmente assustadoras acontecendo, um cachorro novo não precisa de mais uma coisa para se preocupar.

Ensine seus filhos a acariciar um cachorro corretamente. Border Collies são cães resistentes, mas eles não vão gostar se alguém ficar cutucando seu rosto ou puxando seu pelo ou rabo. Carícias suaves nas costas são boas para começar. Para um Border Collie, um tapinha no topo da cabeça pode parecer que seu filho está tentando colocá-lo em uma posição submissa, e alguns cães não respondem bem a isso. Com o tempo, você pode deixar seus filhos avançarem para carinhos na cabeça, mas só quando o cachorro estiver confortável perto de crianças. Seu Border Collie também pode pensar que está acima das crianças na hierarquia da casa, então, quando for hora de treinar, deixe as crianças participarem do adestramento.

Como os Border Collies são criados para pastorear, não se surpreenda se seu cachorro tentar "agrupar" as crianças enquanto elas correm pelo quintal. Seu cão não está fazendo isso para ser agressivo, mas ser perseguido e mordiscado no tornozelo pode ser muito assustador para uma criança e não vai ajudar a criar um relacionamento positivo entre seu filho e seu cachorro. Se seu novo cão parecer particularmente agressivo, converse com o criador ou com o abrigo sobre o cachorro. Eles poderão ajudar você a decidir se o cão não é adequado para sua situação específica ou se é um problema que pode ser resolvido com adestramento. Um Border Collie jovem pode não saber que o que está fazendo não é necessário, então, se seu cachorro começar a mordiscar e perseguir, dê um firme "Não!" e pare de se mover. À medida que amadurecem, eles devem aprender o que é um comportamento aceitável e inaceitável durante a brincadeira. Mas se seu cachorro mostrar tendências de pastoreio, isso não significa necessariamente que ele não possa viver como um animal de estimação.

Mais importante, certifique-se de que seus filhos entendam os sinais de alerta de um cachorro. Border Collies são geralmente bastante gentis, mas têm bocas grandes e dentes afiados que podem ser usados como último recurso. Os cães rosnam e grunhem porque se sentem ameaçados. A maioria das agressões vem do medo. Então, se seu filho estiver invadindo o espaço do seu cachorro e seu cachorro se sentir ameaçado, ele pode atacar. O rosnado é uma maneira de seu cachorro dizer: "Por favor, afaste-se — estou incomodado!" Não ignore esses sinais, porque um Border Collie pode causar muitos danos a uma criança pequena se for provocado.

Pode ser mais difícil fazer seus outros pets aceitarem um novo irmão ou irmã. Não é como se você pudesse avisar seu gato para ser legal com seu novo filhote! Antes de trazer seu Border Collie para casa definitivamente, tente organizar um encontro entre os pets em um lugar neutro, como um parque ou a casa de um amigo. Se isso der certo, tente um encontro em sua casa. Alguns animais são muito amigáveis, mas ficam territoriais se sentirem que seu espaço está sendo ameaçado.

Depois que você trouxer seu Border Collie para casa, a supervisão é fundamental. Certifique-se de que cada animal tenha seu próprio espaço pessoal. Para um gato, você pode designar um cômodo com um portãozinho para bebês, para que o gato possa evitar o cachorro se estiver se sentindo ameaçado. Se você tiver outro cachorro, deixe que ele tenha seu próprio canil ou cama que seja proibida para o novo cachorro. Nunca force os animais a ficarem juntos se eles não quiserem — você só estará pedindo por uma briga.

Perigos Domésticos

Um cenário de pesadelo comum para donos de cães é voltar para casa e descobrir que o cachorro pegou algo que não deveria. Se a coisa que seu Border Collie pegou foi uma sacola de doces ou uma almofada do sofá, aí você realmente vai ter problemas. A melhor maneira de preparar seu cachorro para o sucesso é garantir que não haja nada prejudicial para ele pegar. Infelizmente, é mais fácil falar do que fazer. Seu Border Collie inevitavelmente vai mastigar um livro quando estiver entediado — isso faz parte da criação de um cão ativo. Mas existem algumas coisas em sua casa que são mais perigosas que outras, então é uma boa ideia saber como manter seu cachorro seguro.

Pode ser difícil resistir à carinha de pidão do seu cão durante as refeições, mas existem alguns alimentos que são perigosos para cães e que as pessoas comem o tempo todo. Todo mundo provavelmente sabe que o chocolate é tóxico para cães, mas nem todos sabem que uvas (incluindo passas), cebolas, nozes-macadâmia, abacates e alguns substitutos de açúcar podem deixar um cachorro muito doente. Isso também inclui alimentos embalados e refeições que contenham qualquer um desses ingredientes. Um Border Collie provavelmente não ficará tão doente quanto um cachorro pequeno, como um Yorkshire Terrier, se comer uma única uva ou gota de chocolate, mas é melhor evitar testar sua tolerância. Na verdade, é uma boa prática de prevenção garantir que seu cachorro não coma comida humana, a menos que esteja sendo alimentado propositalmente com um petisco saudável. Isso significa que você deve recolher a comida que cair antes que seu cachorro o faça.

Outra coisa que você deve ficar de olho são objetos que podem ser facilmente rasgados e engolidos. Quando entediados, os Border Collies se entretêm por qualquer meio necessário. Isso pode incluir mastigar sapatos deixados por aí ou rasgar um jornal. Isso pode ser irritante, mas geralmente é inofensivo. O problema surge quando seu cachorro pega algo pequeno o suficiente para engolir, mas grande o suficiente para ficar preso na garganta. Alguns brinquedos se encaixam nessa descrição. Um mastigador habilidoso pode destruir um brinquedo pequeno e macio no tempo que leva para você sair de vista. Se muito enchimento ou

Foto cortesia de Yvonna Wain

tecido macio entrar no trato digestivo, pode causar asfixia ou obstruções intestinais. Se você conseguir levar seu cachorro ao veterinário antes que ele fique muito doente, vai custar algum dinheiro para remover todos os "petiscos proibidos". No melhor cenário, o veterinário pode induzir o vômito. Mas se as coisas já tiverem descido muito no sistema, a cirurgia se torna necessária. Se seu cachorro adora brincar com brinquedos de pelúcia, faça disso um brinquedo "de vez em quando". Deixe seu cachorro com seus ossos de mastigar enquanto você estiver fora e permita que ele brinque com objetos mais macios e rasgáveis quando você puder supervisionar.

Nenhum dono é perfeito e acidentes acontecem, não importa o quão vigilante um dono seja ao supervisionar seu Border Collie. Esses cães podem aprender o certo do errado, mas isso não significa que não sejam capazes de quebrar regras quando você virar as costas. Antes mesmo de trazer seu cachorro para casa, encontre o veterinário de emergência mais próximo e salve seu contato. Ter um número de telefone e endereço salvos no seu celular pode tornar uma situação assustadora muito menos assustadora, e o tempo que você economiza pode fazer uma grande diferença na saúde do seu cachorro se ele acidentalmente comer algo que não deveria.

O Espaço Externo do Seu Cachorro

Seu Border Collie passará muito tempo no seu quintal, ocasionalmente sem supervisão. Em um dia agradável, é ótimo tirar o cachorro do seu caminho enquanto você aspira os pelos dele dentro de casa. Mas o ambiente externo também tem perigos para ficar de olho. Esses cães têm o dom de se meter em problemas antes que você possa impedi-los.

Antes de trazer seu cachorro para casa, você precisará instalar uma cerca sem brechas. Uma cerca de dois metros é ideal, e alguns abrigos nem mesmo deixarão você levar um de seus Border Collies para casa sem uma. Uma cerca de arame vai contê-los, mas é melhor optar por um material que não permita que seu cachorro tenha visibilidade total do bairro. Alguns Border Collies que já não estão mais no campo pastoreando, assumem o papel de cães de guarda. Um pouco de privacidade reduzirá os latidos e as provocações de outros cães ou crianças.

Border Collies são criaturas determinadas, e se eles querem algo, eles vão conseguir. Se você mantiver pesticidas, herbicidas ou fertilizantes ao ar livre, certifique-se de que estejam em um galpão que não possa ser acessado pelo seu cachorro. Uma prateleira alta pode funcionar se estiver em um espaço aberto, mas nunca subestime a determinação

Foto cortesia de
Claire MacKenzie

de um Border Collie. É impossível prever o que eles acharão interessante em um determinado dia.

Além disso, você vai querer considerar as plantas que estão crescendo em seu quintal. Alguns cães nem sonhariam em comer uma hortênsia, enquanto outros gostam de beliscar qualquer coisa verde. Existem muitas plantas que podem deixar um cachorro doente se ingeridas. Lírios, azaleias, poinsétias e begônias são apenas algumas plantas comuns consideradas venenosas para cães. Uma boa maneira de se preparar para seu novo cachorro é pesquisar uma lista abrangente de plantas venenosas para cães e garantir que você não esteja cultivando, sem saber, qualquer vegetação mortal em seu quintal.

Alguns donos de cães podem deixar seu cachorro preso a uma corrente no quintal, mas essa não é uma boa opção para um Border Collie. Border Collies precisam de muito espaço para correr — muito mais do que uma corrente permitirá. Pode ser bom ter uma guia e coleira à mão para seu cachorro caso você se encontre visitando um lugar sem um quintal cercado, mas não é um substituto para um espaço seguro para circular.

Um Espaço para Seu Border Collie

Alguns donos optam por comprar um canil ou uma cama grande para seus Border Collies. Qualquer que seja o caminho que você escolher, você precisa ter um espaço em sua casa que pertença ao seu cachorro. Quando um cão fica estressado, é natural que ele queira se esconder em algum lugar seguro. Quando você permite que ele vá para o seu cantinho, você está permitindo que ele se acalme sem ser incomodado. Por exemplo, se sua cachorra odeia ter as unhas cortadas, ela pode fugir de você e se enroscar no canil. Ou se seu cachorro tem medo de tempestades, ele pode se abrigar em sua cama até que pare. Permita que ele tenha esse tempo em um lugar onde se sinta confortável e não o force a fazer algo que ele não quer fazer.

Um espaço pessoal também é útil se seu Border Collie ficar muito animado quando receber visitas ou enlouquecer quando a campainha tocar. Ensine ao seu cachorro um comando como "Na sua cama" ou "Pro canil" e faça-o esperar em seu local seguro até que se acalme. Dessa forma, ele não estará pulando em cima das pessoas ou latindo na porta.

Se seu cachorro passa muito tempo ao ar livre, você pode até considerar um espaço externo. Se você está planejando deixar seu Border Collie do lado de fora durante o dia enquanto ninguém está em casa, dê a ele um abrigo em caso de mudanças climáticas inesperadas. Um canil com um cobertor dentro ou uma casinha de cachorro pode dar ao seu cão um esconderijo caso o tempo mude. Mas sempre existe a possibilidade de seu cachorro cavar um buraco em um local sombreado no verão para se refrescar quando ficar quente. Border Collies adoram ficar ao ar livre em todos os tipos de clima, mas não se surpreenda se eles construírem seu próprio abrigo.

Quanto mais você se preparar para seu novo Border Collie, mais suave será a transição. Nos primeiros dias, faça o possível para manter todos os objetos mastigáveis fora de alcance. Um Border Collie entediado pode ser muito destrutivo. Faça o possível para supervisionar seu cachorro e ver como ele reage com outros animais de estimação e pessoas. Garanta que ele tenha bastante espaço se estiver estressado, mas certifique-se de não dar espaço demais ou ele ficará entediado e solitário. Manter as coisas arrumadas pela casa e quintal compensará a longo prazo — você terá ainda mais limpeza para fazer quando seu Border Collie entrar em casa como uma tempestade, uma bagunça de patas enlameadas e pelos caindo! Pelo menos assim, você não terá que lidar também com sapatos roídos e almofadas destruídas.

CAPÍTULO 4
Trazendo Seu Border Collie para Casa

"Exercício, estímulos mentais, socialização com outros cães e tempo com você são fundamentais para o bem-estar e o desenvolvimento adequado de um filhote de Border Collie. Se qualquer um desses ingredientes essenciais estiver faltando, o efeito acabará se manifestando em um comportamento ou comportamentos indesejáveis."

Dave Thomas

www.hollycreekbordercollies.com

Preparar-se para trazer seu novo Border Collie para casa é tão importante quanto preparar sua casa. Lembre-se, Border Collies são cães altamente sensíveis e intuitivos. Se eles perceberem seus níveis de estresse aumentando, podem entrar em pânico. Enquanto alguns Border Collies gostam de aventuras, outros são mais tímidos e cautelosos. Independentemente da personalidade do seu cão, ele certamente ficará curioso sobre qualquer coisa nova ou empolgante.

Ir para uma nova casa pode ser assustador para um cão, independentemente de quão bem você planejou a chegada dele. Esteja preparado para alguns choros e nervosismo. A primeira noite em casa talvez não seja o melhor momento para fazer uma grande festa com muitas pessoas estranhas e barulho. O momento de apresentar seu Border Collie a amigos e familiares virá depois.

Se você começar a se preocupar que seu novo Border Collie não está feliz em sua nova casa, lembre-se que ele pode estar confuso. Se você comprou o cão de um criador, ele está longe da mãe e dos irmãos pela primeira vez. Se você adotou seu cão, ele pode pensar que está sendo abandonado novamente. Com o tempo, seu Border Collie aprenderá a amar seu novo lar. Neste capítulo, você aprenderá mais sobre o que precisa fazer e o que esperar nos primeiros dias com um novo Border Collie.

As Primeiras Noites

Prepare-se para perder algumas horas de sono no início dessa nova aventura juntos. Border Collies são criaturas sociais e, se você tiver um pequeno "cão grude", ele pode chorar se você não estiver vendo você por perto. Mas nem todos os donos querem um cão dormindo em sua cama, até porque um Border Collie adulto ocupa muito espaço na cama, especialmente quando se estica de barriga para cima! Se seu cão apresentar sinais de ansiedade de separação — mesmo que você esteja logo no corredor — pode ser uma boa ideia mover a casinha ou a cama dele para um corredor, ou até mesmo para o seu quarto. À medida que ele se torna mais confortável em sua casa, você pode mover a cama para outro lugar dentro de casa, especialmente se ele for barulhento enquanto dorme.

Se você tem um cão jovem com uma bexiga em desenvolvimento, certifique-se de que pode ouvir seu Border Collie se ele começar a choramingar no meio da noite. Caso contrário, você acordará de manhã com uma poça de xixi e um cão muito desconfortável. Se seu Border Collie tiver menos de seis meses de idade, ele pode ter dificuldade em se segurar durante toda a noite.

Indo ao Veterinário

Se você ainda não escolheu um veterinário, agora é a hora de fazer isso. Felizmente, Border Collies são tão comuns que seria difícil encontrar um veterinário que não tivesse experiência com esta raça. Mas se você estiver perdido sobre por onde começar quando se trata de encontrar um veterinário, aqui estão algumas dicas que podem ajudar.

Talvez o mais fácil seja pedir recomendações. Se você está comprando um filhote, pergunte ao criador onde eles levam seus cães. Se for um criador respeitável, há uma boa chance de que o veterinário escolhido por ele seja de alta qualidade. Se você está adotando um cão, pergunte aos funcionários onde eles levam seus cães. Se você estiver em uma situação em que pode conversar com os antigos donos, você pode decidir continuar levando seu cão ao mesmo lugar, já que seu Border Collie estará familiarizado com a clínica e os funcionários. Se tudo mais falhar, peça a um amigo da região a recomendação dele.

Se você tiver alguma preocupação sobre a qualidade de uma clínica específica, uma visita pode tranquilizá-lo. Se as instalações estiverem limpas, parecerem bem administradas e os veterinários e a equipe de apoio forem amigáveis e atenciosos com seus pacientes, então você provavelmente encontrou o lugar certo. Você também pode querer decidir se prefere uma clínica com salas de cirurgia, um laboratório completo e serviços de emergência, já que nem todas as clínicas têm essas capacidades.

Foto cortesia de
Claire Mackenzie

Sua primeira visita ao veterinário provavelmente será estressante para seu Border Collie. Para diminuir a energia nervosa dele, gaste bastante energia do seu cão antes de ir. Como você descobrirá, um Border Collie cansado é um Border Collie bem-comportado. Jogue a bola no quintal até que seu cão esteja ofegante, depois entre no carro para sua visita. Leve muitos petiscos saborosos e ofereça-os frequentemente para mostrar ao seu cão que o veterinário não é tão ruim assim.

Aulas Básicas de Obediência

Independentemente da idade ou nível de habilidade do seu cão, você vai querer matricular seu Border Collie em algum tipo de aula de adestramento. É bom fazer isso logo de cara porque é um ótimo momento para você conhecer seu cão e para seu cão entender quem está no comando. Existem muitas aulas específicas para filhotes, elas ensinarão você a dar comandos e ensinarão seu cão a aprender a maneira correta de se comportar. Ambos se beneficiarão trabalhando juntos por um tempo determinado toda semana.

Mesmo que seu Border Collie seja adulto, ainda existem cursos básicos de obediência para cães de todas as idades. Se seu Border Collie já conhece alguns comandos básicos, ainda vale a pena revisar essas habilidades básicas em um ambiente de sala de aula. Seu cão pode saber muito, mas ele não está acostumado a receber comandos de você. Revise comandos antigos em um ambiente positivo com um adestrador que possa lhe dar conselhos enquanto você aprende mais sobre as peculiaridades do seu novo cão.

Preparando Suprimentos

Embora possa levar algum tempo para aprender as preferências de petiscos e brinquedos do seu cão, é uma boa ideia ter alguns suprimentos prontos antes de trazer seu Border Collie para casa. Dessa forma, você não precisa se preocupar em deixar seu filhote em casa enquanto você faz compras para ele. Seja fazendo suas compras antes da chegada do seu cão ou levando-o junto na viagem, aqui está uma lista de alguns itens que você vai querer ter em casa nos primeiros dias.

Se você estiver recebendo um filhote, pode ser interessante providenciar algo como um cercadinho ou portão para bebês. Se você estiver preocupado com seu novo cão tendo livre acesso à casa, essas barreiras ajudam a evitar que seu filhote faça xixi por todo o seu carpete quando

Foto cortesia de Dee Klatt

você não estiver em casa para supervisionar. Apenas tenha em mente que confinar seu Border Collie em um espaço limitado por longos períodos de tempo o deixará maluco. Tudo bem manter seu cão em uma parte da casa por curtos períodos de tempo, mas certifique-se de que seu Border Collie tenha bastante espaço para circular ao longo do dia. Coloque a casinha, a cama do cão, ou ambos neste espaço designado. Você também vai querer manter as tigelas de comida neler.

Em seguida, você vai precisar de uma boa coleira e guia. Para começar, escolha uma coleira plana com fivela. Mais tarde, você pode decidir se quer usar um peitoral ou uma coleira de adestramento diferente, mas a coleira plana é apropriada para a maioria dos cães. Enquanto estiver na *petstore*, mande gravar uma plaquinha com o nome do seu cão e suas informações de contato. Escolha uma guia resistente de 1,2 metro ou 1,8 metro para seu cão. Guias retráteis são populares, mas não são ideais para um Border Collie. Essas guias são compostas por um cordão fino que pode facilmente quebrar se seu cão forte (e teimoso) decidir correr atrás de um carro. Além disso, é melhor praticar caminhadas com seu cão ao seu lado, sem deixar ele liderar o caminho ou ficar para trás. Uma guia resistente com a qual você pode controlar seu cão é uma opção muito melhor.

Para manter seu Border Collie entretido, você vai querer investir em brinquedos que possam resistir à força da mandíbula do seu cão. Um Border Collie pode destruir um bicho de pelúcia em pouco tempo, então não desperdice seu dinheiro enchendo a cesta de brinquedos dele com brinquedos frágeis. Ossos de nylon, couro cru e fêmur de boi são uma necessidade quando se trata de agradar seu cão. Escolha um osso que não se estilhace ou seja facilmente engolido e que seja grande o suficiente para que ele não se engasgue. Quando seu cão estiver se sentindo destrutivo, um bom osso preservará a sanidade tanto do dono quanto do Border Collie.

Bons brinquedos podem ser caros, mas durarão mais do que brinquedos macios que serão facilmente destruídos. Qualquer coisa feita de corda ou materiais semelhantes é uma boa opção. E se tudo mais falhar, uma lata de bolas de tênis pode manter seu cão ocupado no quintal por horas. Você pode comprar mais brinquedos conforme vê o que seu cão prefere, mas é necessário ter algumas opções disponíveis para manter seu novo cão ocupado.

Foto cortesia de
Sara James

Por fim, você vai querer ter algumas ferramentas de higiene à mão. Uma escova de pinos — e talvez uma escova *slicker* para os tipos de pelagem áspera — manterá a pelagem externa brilhante e sem emaranhados e a pelagem interna sem nós. Uma escova de dentes e pasta de dentes específica para cães são úteis para manter os dentes brancos do seu Border Collie frescos e limpos. Cortadores de unhas são essenciais para aparar regularmente e cuidar de unhas rachadas desconfortáveis. Também é uma boa ideia ter xampu suave para cães ou lenços umedecidos à mão para quando seu cão inevitavelmente rolar em algo que não deveria.

Detalhamento de Custos para o Primeiro Ano

O preço inicial para ter um Border Collie pode ser muito assustador, especialmente para um dono de primeira viagem. Embora você possa sentir que está esvaziando sua conta bancária com seu cão, lembre-se de que há muitos custos iniciais. Enquanto alguns itens, como ração, precisarão ser comprados regularmente, coisas como cortadores de unhas devem durar toda a vida do seu animal. Claro, o preço dos suprimentos para cães varia de acordo com a localização e a qualidade dos suprimentos, mas aqui está uma estimativa aproximada do que custará cuidar do seu Border Collie em seu primeiro ano.

Primeiro, vamos começar com o custo do próprio cão. Aqui, temos uma variação ampla porque existem diferentes maneiras de adquirir seu novo melhor amigo. Adoções costumam custar algumas centenas de reais, enquanto a compra de um cão de criador pode ultrapassar alguns milhares. Dependendo do seu orçamento geral, isso pode fazer uma grande diferença se um Border Collie é uma opção acessível ou não.

Quando se trata de comprar os suprimentos listados na seção anterior, você pode esperar gastar cerca de R$1.000-R$2.000 de início. Mas itens como portões, casinhas e suprimentos de higiene durarão muito tempo, então você provavelmente não terá que pagar por essas coisas novamente.

Em seguida, você vai precisar comprar muita ração e petiscos. Em média, um saco grande de ração custa cerca de R$250. Dependendo do peso do seu Border Collie, ele vai durar aproximadamente um mês. Então, ao longo de um ano, você pode estar gastando cerca de R$3.000 com ração. Petiscos custam aproximadamente R$15-R$25 por pacote, e como você estará treinando seu Border Collie com frequência, precisará manter estoque. Em um ano, é muito fácil gastar quase R$500 apenas com petiscos de treinamento.

Depois, você terá que considerar as visitas ao veterinário. Com sorte, seu cão será perfeitamente saudável e só precisará de um check-up anual e vacinas de acordo com seu cronograma. Vacinas do primeiro ano, exame, controle de pulgas e carrapatos e medicação contra vermes do coração podem custar cerca de R$1.000.

Por fim, se você optar por matricular seu cão em aulas de adestramento (o que você deve realmente considerar), descobrirá que sessões básicas em grupo custam cerca de R$400 por um curso de seis semanas. No decorrer do primeiro ano, você pode completar uma ou duas aulas de adestramento, se não mais.

Então, até o final do primeiro ano do seu cão em sua casa, não é inconcebível gastar cerca de R$5.000-R$10.000, sem incluir o preço do seu Border Collie! O custo de cuidar de um Border Collie é definitivamente algo a se ter em mente antes de comprar ou adotar. E esta é apenas uma estimativa aproximada de cuidados básicos. Se você planeja treinar seu cão para competições ou se ele tiver um problema de saúde inesperado, essa quantia pode aumentar drasticamente.

Esse número pode parecer desanimador para um novo dono de animal de estimação, mas lembre-se, um filhote de quatro patas ainda é menos caro que um bebê humano!

Toda essa preparação pode parecer esmagadora, mas vale a pena saber no que você está se metendo antes de trazer seu Border Collie para casa. No que diz respeito a cães, esta raça requer muita atenção, bem como estimulação mental e física. Existem suprimentos baratos para cães, mas um Border Collie pode destruir uma guia frágil ou um brinquedo de morder muito facilmente. Economizar em brinquedos de morder ou outros métodos de entretenimento deixará você com um cão indisciplinado. E embora as aulas possam somar, o adestramento é vital para o bem-estar do seu Border Collie. Em resumo, este definitivamente não é um cão que pode ficar em casa sozinho o dia todo e espera-se que fique quieto e em silêncio. Novamente, a preparação é fundamental. Participe do programa de recompensas de uma loja de animais e compre itens quando estiverem em promoção. Algumas lojas até dão sacos de 2,5 kg de ração gratuitamente para seu Border Collie experimentar. Estoque itens necessários, como ração e petiscos, quando encontrar uma promoção, e você passará pelo primeiro ano sem se preocupar em estourar seu orçamento.

CAPÍTULO 5
Educação Higiênica e Cuidados com Filhotes

"Não espere até que o filhote tenha 6 meses para começar o adestramento. Comece a treinar e trabalhar com o filhote desde o primeiro dia que você o receber."

Karen Moureaux
www.bordercollie.tv

Filhotes são inegavelmente fofos, mas exigem muito trabalho e atenção. Um filhote não possui a maturidade mental de um cão adulto. Tudo é novo para eles, e não podemos esperar que entendam o mundo humano e todas as nossas regras quando estão apenas começando a se acostumar a ser um cachorro. Ao trazer um novo filhote para casa, prepare-se para um ano de extrema paciência da sua parte. Seu Border Collie vai testar você e tentar ser mais esperto que você em todas as oportunidades. Seja firme com ele, mas não tão rígido a ponto de esquecer de ser gentil e acolhedor com seu pequeno filhote. Afinal, esses cães são altamente sensíveis e conseguem perceber a diferença entre um dono feliz e um dono irritado.

Noções Básicas de Educação Higiênica

Quando se trata de cuidar de um novo filhote, talvez a coisa mais importante que você ensinará ao seu Border Collie é como fazer suas necessidades do lado de fora. Quanto mais cedo você conseguir isso, melhor. No entanto, leva muito tempo até que seu cão consiga se segurar por períodos prolongados. Felizmente, os Border Collies são inteligentes e dispostos a aprender, então desde que estejam felizes com o processo de treinamento, eles devem entender rapidamente o que você quer que eles façam.

Em geral, os filhotes conseguem segurar o xixi por uma hora para cada mês de vida. Por exemplo, um filhote de três meses consegue aguentar três horas antes de ter um acidente. Mas vale lembrar que isso não quer dizer que ele vai esperar todo esse tempo sempre que sentir vontade. Uma vez que seu cão aprenda a controlar a bexiga, você pode começar a estender os intervalos entre as saídas.

Certifique-se de levar seu cão para fora logo pela manhã e também antes de dormir. Isso aumentará as chances dele passar a noite sem acidentes. Durante o dia, leve seu filhote para fora quinze a trinta minutos depois de beber água e comer. Depois, o ideal é levá-lo para fora aproximadamente uma vez a cada hora. Seu cão pode não fazer suas necessidades todas as vezes, mas é melhor tentar do que ter um acidente dentro de casa.

Recompensando o Comportamento Positivo

Foto cortesia de
Dee Klatt

Vamos abordar esse conceito mais detalhadamente nos capítulos sobre adestramento, mas é importante entender como funciona o cérebro do seu Border Collie antes de ensiná-lo a fazer suas necessidades lá fora. Os Border Collies são bons em captar as emoções de seus donos, mas não são leitores de mentes. Eles só vão entender o que lhes for ensinado.

O treinamento deve ser uma experiência positiva. Quando você falar com seu cão, use uma voz animada, entusiasmada e dê palavras de afirmação. "Sim!" e "Muito bem!" são comandos comuns para informar ao seu cão que ele está fazendo o que você quer. Quando seu cão fizer suas necessidades lá fora, você deve sempre elogiar esse comportamento. Desde o momento em que ele se agacha, diga "Bom garoto!" Quando terminar, dê a ele todo tipo de elogios e carinhos. Você pode até dar um petisco pelo trabalho bem feito.

Punição por acidentes não funciona. Quando você repreende e dá tapinhas no seu Border Collie por fazer xixi no chão, ele vai perceber que você está chateado. Mas em vez de ensiná-lo a não fazer suas necessidades no chão, isso vai ensiná-lo que, se ele for fazer xixi no chão, é melhor esconder isso de você.

Além disso, muitos donos não sabem que a memória de um cão não funciona da mesma forma que a memória humana. Você pode chegar em casa depois de um dia de trabalho e encontrar um monte de cocô no chão. Sua primeira reação pode ser ficar chateado e repreender seu cão. Alguns donos acreditam que se você "esfregar o nariz deles" no xixi ou cocô, eles se lembrarão do que fizeram e sentirão remorso. Isso não é verdade. Seu cão não é capaz de conectar uma ação passada (fazer cocô no chão) com uma consequência futura (ser repreendido ou envergonhado). Não é uma boa maneira de treinar um cão para fazer suas necessidades, mas é uma boa maneira de deixar seu cão com medo de você. As correções só podem acontecer no momento em que o mau comportamento está ocorrendo. Se você flagrar o mau comportamento depois do fato, seu momento de ensino já passou, e o melhor é limpar e tentar novamente.

Onde Ir?

Alguns donos de cães pequenos podem permitir que seus cães façam suas necessidades em tapetes higiênicos ou tapetes de grama artificial. Cães pequenos criam menos sujeira e muitas vezes vivem em apartamentos ou casas menores sem quintal. Embora você possa adotar essa estratégia enquanto seu cão é filhote, não é uma ótima opção para um Border Collie adulto. Como você provavelmente tem um quintal cercado, você tem um espaço perfeito para treinar seu cão. Os tapetes higiênicos podem ser bons para absorver sujeira em situações pontuais, como na caixa de transporte, mas é melhor não dar ao seu filhote a ideia de que fazer xixi dentro de casa é aceitável. Lembre-se, consistência é a chave, mesmo que isso signifique que você tenha que sair a cada hora mais ou menos. Escolha um local no seu quintal para levar seu cão. Como o sentido de olfato deles está ligado à vontade de ir, você não vai precisar ficar parado por muito tempo esperando que eles encontrem o lugar perfeito. Não deixe seu cão solto no quintal, presumindo que ele vai fazer suas necessidades e voltar para casa quando terminar. Seu filhote curioso pode esquecer porque saiu em primeiro lugar. Leve-o ao local designado, espere que ele faça suas necessidades e volte para dentro quando terminar.

Treinamento com Caixa de Transporte e Educação Higiênica

"Se você não consegue ficar de olho no filhote para garantir que ele não vai cometer um erro, então ele precisa estar em uma caixa até que você consiga."

Maggie Pogue
M Bar M Cattle Dogs

Foto cortesia de
Yvonna Wain

Em geral, um cão não vai querer sujar o próprio espaço de convivência. Se seu cão for treinado com caixa de transporte, vai naturalmente evitar fazer xixi ou cocô ali dentro, já que é desagradável ficar em um ambiente sujo. Um cercadinho pode ter um efeito semelhante. Esses métodos de contenção não apenas vão manter a sujeira confinada a uma área, mas também podem ajudar a ensinar ao seu cão que o lado de fora é melhor quando se trata de fazer suas necessidades.

Nos primeiros dias, pode ser útil colocar jornal ou outros materiais absorventes para facilitar a limpeza. E se seu cão tiver um acidente, certifique-se de limpar tudo com produtos especialmente formulados que removam o cheiro dos resíduos. Os cães continuarão a fazer xixi no mesmo lugar se sentirem qualquer resíduo restante de seu acidente anterior.

Em Caso de Acidente

Com sorte, você vai pegar seu filhote no meio de um acidente. Se isso acontecer, tente chamar a atenção dele. Um firme "Não!" ou comando semelhante o ajudará a perceber que está fazendo algo errado. Se possível, leve (ou carregue) seu filhote para o local designado para fazer suas necessidades lá fora e deixe-o terminar. Se ele terminar lá fora, dê a recompensa.

Com o tempo, você começará a reconhecer sinais de que seu cão está prestes a fazer xixi ou cocô. Farejar excessivamente e andar em círculos são indícios comuns. Chame a atenção dele e leve-o rapidamente para fora. Se você perceber tarde demais, remova todos os vestígios do cheiro e tente novamente.

Ajustando Suas Expectativas

Ao trazer um filhote de Border Collie para casa, você automaticamente prometeu dar a esse cão de alta manutenção tudo o que ele precisa para ser feliz em sua casa. É fácil ser otimista sobre quanto tempo você vai passar treinando seu cão, e então relaxar quando as coisas ficam difíceis e seu Border Collie não é mais novidade.

Pense em como você quer que seu Border Collie se comporte em sua casa. Você vai permitir que seu filhote suba no sofá, ou preferiria que ele descansasse na cama dele durante as horas tranquilas da noite? Essas questões podem parecer triviais, mas podem criar confusão nos cães. Por exemplo, você pode decidir que não quer que seu cão sente nos móveis. Não há nada de errado com isso! Mas, se de vez em quando você abre uma exceção e o convida para o sofá, ele não vai entender por que isso às vezes é permitido e às vezes não. Os Border Collies são inteligentes, mas não tão inteligentes a ponto de saber a diferença entre uma ocasião e outra. Gritar com eles por algo que você aceita em outros momentos pode criar muita confusão.

As regras de um cão variam de casa para casa. Como dono, você precisa decidir o que é tolerado e o que não é, e manter-se firme. Pode parecer duro às vezes, mas seu Border Collie ficará mais feliz com regras claras a seguir. Consistência e rotina podem deixar seu cão à vontade, e é melhor estabelecer essas regras nos primeiros dias.

Quando se trata de ensinar seu filhote a se comportar em casa, a supervisão é absolutamente necessária. Você não pode corrigir seu cão depois do fato – você deve pegar ele no ato para que seja um momento de ensino. Nesses primeiros dias, é imprescindível que você sempre fique de olho em seu cão. Caso contrário, eles criarão seus próprios maus hábitos, que vão ser mais difíceis de corrigir.

Como Treinar com Caixa

O treinamento com caixa, quando feito corretamente, pode fazer seu Border Collie se sentir mais seguro e protegido em casa. Uma caixa, ou canil, não deve ser uma prisão para cães, mas sim um espaço seguro para seu cão relaxar. Os Border Collies podem ser especialmente sensíveis a estímulos intensos, por isso é útil ter um lugar para eles relaxarem se estiverem se sentindo sobrecarregados. Por exemplo, se seu cão tem medo de tempestades, ele pode se refugiar na caixa a fim de se acalmar.

Outro benefício do treinamento com caixa é a facilidade de viagem de carro. É extremamente perigoso ter um Border Collie vagando livremente em um veículo em movimento. No caso de uma colisão, seu cão vai se tornar um projétil. No entanto, uma caixa pode manter seu cão contido e, quando devidamente presa, pode salvar sua vida em caso de acidente de carro.

Você também pode decidir usar sua caixa como o quarto do seu cão – um lugar para ficar durante a noite. Nos primeiros meses, ter seu cão dormindo na caixa também pode reduzir acidentes noturnos. Ou se você está esperando que alguém entregue algo em sua casa e seu filhote fica louco com o som da campainha, você pode tentar manter seu cão na caixa até que a situação passe, para que ele não tenha a chance de reforçar o comportamento travesso.

No entanto, a caixa não é um substituto para a supervisão. Um Border Collie precisa ser capaz de andar, se esticar e brincar, mesmo quando você não está em casa. Um cão pode lidar com períodos curtos de tempo em uma caixa, mas não um dia inteiro. Ela também não deve ser usada para punição. Um cão pode escolher se quer tirar um "tempo", mas seu dono não deve empurrá-lo para dentro por mau comportamento. Isso fará com que ele associe a caixa a sentimentos negativos, tornando-a inútil como um local seguro.

Entrar em uma caixa escura pode não ser intuitivo para todo Border Collie. É melhor começar essa prática com filhotes. Forre o fundo da caixa com algo macio e coloque um petisco dentro. O Border Collie naturalmente curioso vai querer investigar. Não o empurre – se você assustar seu Border Collie, ele vai pensar que você está tentando enganá-lo para fazer algo prejudicial. Uma vez que seu filhote tenha explorado a caixa, coloque o prato de comida dentro. Comer refeições na caixa ajudará a reforçar a ideia de que a caixa é um bom lugar para ficar. Em seguida, coloque brinquedos de mastigar dentro e tente fechar a porta da frente por curtos períodos de tempo. Se seu Border Collie permanecer calmo, recompense-o. Continue praticando até que você possa sair da sala por períodos prolongados de tempo sem que ele chore. A chave aqui é deixar seu cão saber que a caixa é um lugar agradável para estar e que você sempre voltará para deixá-lo sair.

Mastigação

Todos os filhotes precisam mastigar. Não só é uma boa maneira de mantê-los entretidos, mas os filhotes passam pelo processo de dentição e precisam de uma maneira de fazer seus dentes adultos atravessarem suas gengivas. Seu filhote vai mastigar independentemente de você dar algo para ele mastigar ou não.

Você ficará surpreso com o que seu filhote vai mastigar se tiver a chance. Pernas de mesa, sapatos, rodapés e livros são alvos fáceis para um Border Collie entediado ou em fase de dentição. Eles afundarão os dentes em qualquer coisa disponível. Por isso, é melhor dar a eles muitas opções para suas necessidades de mastigação. Brinquedos de mastigar vêm em todas as formas e tamanhos. Para um filhote pequeno, encontre algo que eles possam colocar na boca, mas nada tão pequeno que eles possam engolir de uma só vez. Couro cru, orelhas de porco, brinquedos de borracha e ossos de nylon são todas boas opções, mas mesmo essas coisas podem causar problemas estomacais se eles conseguirem engolir grandes quantidades desses itens.

Mesmo que você compre muitos brinquedos de mastigar, você ainda terá que direcionar seu filhote para esses brinquedos quando eles tiverem vontade de mastigar. Quando você pegá-los mastigando um objeto proibido, dê um firme "Não" e substitua o objeto por um brinquedo de mastigar. Quando eles pegarem o brinquedo, diga "Sim" e faça carinho. Se seu filhote estiver tendo dificuldade para entender essas regras, existem mastigáveis para cães que contêm cheiros e sabores deliciosos. Isso pode ser suficiente para atrair seu filhote a escolher o osso em vez do sapato.

Ansiedade de Separação

Os Border Collies gostam de passar tempo com seus donos, então você pode descobrir que seu filhote fica angustiado quando deixado sozinho. Quando ocorre ansiedade de separação, isso pode estimular muitos comportamentos ruins que seu Border Collie normalmente não apresentaria. Acidentes e destruição geral aumentarão se seu cão estiver ansioso com sua partida. Quando não controlada, a ansiedade de separação pode se transformar em uma ansiedade mais generalizada, que é difícil de corrigir. Os Border Collies são inteligentes e sensíveis, o que pode fazer com que fiquem mais preocupados com sua ausência do que

Foto cortesia de
Shannon Treucker

outras raças. Mas há muitas coisas que um dono pode fazer para minimizar a ansiedade relacionada a entrar e sair de casa.

Embora a maioria dos donos seja culpada de fazer uma grande cena quando chegam em casa, isso é algo que pode criar ansiedade de separação em um cão. As pessoas adoram quando seus cães ficam animados para vê-los e querem amplificar essa saudação, mas não é bom para o cão. Em vez disso, é melhor não chamar a atenção para suas idas e vindas. Seu Border Collie não precisa que você dê um tchau e oi dramáticos toda vez que você passa pela porta.

Outra coisa que pode aliviar a ansiedade de separação é garantir que seu cão esteja entretido e receba exercício adequado antes de você sair. Se você está planejando passar algumas horas longe de casa, pode ajudar cansar seu cão com uma longa caminhada ou muitas brincadeiras antes de sair. Dessa forma, ele terá mais probabilidade de cochilar enquanto você estiver fora, em vez de entrar em pânico porque não tem certeza se você vai voltar. Da mesma forma, se você deixar alguns brinquedos divertidos e mastigáveis para seu cão, ele poderá se manter ocupado até você voltar. Jogos de quebra-cabeça são ótimos para Border Collies e podem ser preenchidos com petiscos saborosos.

Se a ansiedade do seu cão não for aliviada por nenhuma dessas coisas, você pode querer consultar um veterinário. Eles examinarão seu cão para ter certeza de que não há nada fisicamente errado com ele. O veterinário pode decidir prescrever medicação, mas isso geralmente é feito em circunstâncias extremas. Caso contrário, eles provavelmente oferecerão algumas sugestões sobre como manter seu cão calmo com base no que encontrarem em seu exame.

Fugindo

"Os Border Collies têm uma audição muito aguçada. Eles foram criados para serem capazes de ouvir os assobios de um pastor a campos de distância. Isso os torna mais suscetíveis à sensibilidade ao ruído. Você pode precisar dar alguma atenção reconfortante extra durante tempestades, fogos de artifício e durante a temporada de caça."

Josie Casebere
https://borderlinekennels.wixsite.com/mysite

Um cão novo pode não entender o mundo fora da sua casa e ignorará todos os perigos que ele apresenta. Por esse motivo, você deve ser muito cauteloso ao deixar seu cão sair de casa sem guia. Em um mundo ideal, os Border Collies poderiam ser confiáveis para andar sem guia e coleira sem preocupação. Mas enquanto seu pequeno filhote pode ser fácil de pegar se ele escapar de você, ele será capaz de ultrapassá-lo em poucos meses. E uma vez que os instintos de pastoreio do seu Border Collie entrem em ação, eles estarão voando pela rua perseguindo carros. Até que seu filhote tenha dominado o comando de vir quando chamado, é melhor mantê-lo na guia. Acidentes podem acontecer, então proteja seu animal de estimação mantendo uma etiqueta de identificação neles o tempo todo e coloque um microchip no seu cão. Não presuma que seu Border Collie voltará para casa depois de vagar pelo bairro.

Hora de Dormir

Embora um cão adulto possa ficar bem vagando pela casa à noite, é melhor manter um filhote contido. A menos que você queira acordar com poças escondidas e móveis mastigados, é uma boa ideia encontrar um lugar para seu filhote dormir enquanto você dorme. Se seu filhote estiver em uma caixa, simplesmente feche a porta e deixe-o dormir. Se seu cão dorme em uma cama, considere colocá-la em um cercado para manter seu cão dentro de um espaço confinado.

Lembre-se que os cães não seguem o mesmo horário de sono que as pessoas. Embora os cães durmam cerca de metade do dia, eles fazem isso em turnos. Então, durante as oito horas que você dorme, seu cão passará parte desse tempo acordado. Se um filhote ainda não aprendeu que a noite é hora de silêncio, ele inevitavelmente chorará porque precisa ir ao banheiro ou simplesmente porque está solitário ou entediado. Se você ouvir esses choros e levar seu cão para fora, certifique-se de não recompensar seus choramingos com brincadeiras. Coloque-o de volta na caixa ou cercado e volte a dormir. Eventualmente, seu cão entenderá que seus humanos também precisam descansar.

Deixando Seu Filhote Sozinho em Casa

Mesmo que seu cão não pareça estar sofrendo de ansiedade de separação, alguns dos mesmos conceitos se aplicam a qualquer Border Collie. Se você estiver longe de casa durante o dia de trabalho, ainda precisa garantir que as demandas de exercício e entretenimento do seu cão sejam atendidas. Uma boa caminhada pela manhã preparará seu cão para o sucesso. Quando você sair, certifique-se de que todos os pertences pessoais estejam fora de alcance e que haja muitos brinquedos seguros por perto. Você também pode decidir contratar um passeador de cães ou babá de cães para checar seu filhote no meio do dia. Isso não só é um ótimo exercício para ele, mas também lhe dá a chance de usar o banheiro lá fora.

Se você está tendo dificuldade para evitar que seu filhote faça bagunça quando está sozinho em casa, considere um hotelzinho para cães. Pode ser caro, mas é mais barato do que substituir todos os seus móveis e carpete. Esses hoteizinhos permitirão que seu cão brinque com outros em um ambiente supervisionado. Para um dono de Border Collie, não há nada melhor do que pegar um filhote exausto.

Deixar seu filhote em uma caixa o dia todo não é uma boa opção e deve ser evitado a todo custo. Um cão negligenciado começará a mostrar problemas comportamentais, tornando o treinamento difícil. Os filhotes requerem muito cuidado e atenção durante seu primeiro ano de vida. Se você não estiver disponível para atender às necessidades deles, é melhor contratar ajuda em vez de colocá-los em uma gaiola o dia todo.

Os filhotes de Border Collie são uma alegria, mas também podem ser muito exigentes. Quando seu cão atingir a idade adulta, as coisas ficarão mais fáceis. Infelizmente, os donos não podem esperar até que seus cérebros estejam totalmente desenvolvidos para começar a ensinar bons hábitos. Prepare seu filhote para o sucesso removendo qualquer coisa que possa causar problemas. Em seguida, dê a eles o máximo de atenção possível, mesmo que isso signifique contratar alguém para ajudar. A forma como você trata seu cão durante o primeiro ano fará uma grande diferença em como ele se comportará na vida adulta.

CAPÍTULO 6
Socialização com Pessoas e Animais

ISe você quer que seu Border Collie possa sair de casa, a socialização é essencial. Quando pensamos em preparar um filhote para a vida adulta, tendemos a focar no treinamento para fazer as necessidades e em truques, negligenciando o aspecto da socialização. Sem boas habilidades de socialização, você perceberá que seu Border Collie não sabe como agir perto de estranhos e outros cães. Isso pode se tornar um grande problema quando você quiser gastar energia no parquinho, mas seu Border Collie se recusa a brincar com outros cães ou fica agitado com as tentativas deles. A socialização pode acontecer em qualquer idade, mas é melhor começar cedo. Quando seu cão estiver na faixa de três a seis meses, comece a trabalhar nas habilidades de socialização.

A Importância da Socialização

"Os Border Collies são criados para ter um alto instinto de caça. Os Border Collies não estão realmente 'pastoreando' ovelhas; na verdade, estão caçando-as sob o controle do condutor. Isso significa que eles podem não se dar bem com outros animais pequenos."

Dave Thomas
www.hollycreekbordercollies.com

Como proprietário orgulhoso de um lindo cão, você vai querer levar seu Border Collie para todos os lugares. Mas o mundo pode ser um lugar muito assustador para um cachorro. Os Border Collies são muito sensíveis a estímulos e ruídos, então um som assustador pode deixá-los em estado de pânico. Sempre em alerta máximo, seu Border Collie notará tudo o que está acontecendo ao seu redor, especialmente qualquer coisa nova ou ameaçadora.

Enquanto nós sabemos que não há nada perigoso em operários trabalhando no telhado de uma casa ou um caminhão de lixo dando ré, seu Border Collie não sabe disso. Da mesma forma, seu Border Collie pode adorar outras pessoas, mas temer qualquer um que não se pareça com as pessoas com as quais ele está acostumado, como alguém segurando um guarda-chuva em um dia chuvoso.

E enquanto o cachorro no parquinho é claramente amigável e quer perseguir seu Border Collie, seu companheiro pode não saber como brincar com outros cães e pode imediatamente virar de costas para se render. Ou pode se encolher de medo até que o cachorro amigável desista e procure outro amigo. Pior ainda, seu Border Collie pode ficar tão nervoso que ataque os outros, mostrando os dentes e rosnando.

Nenhum desses cenários é ideal se você quer que seu Border Collie tenha uma vida normal e feliz. O medo pode impedir seu cão de fazer coisas que ele antes adorava, como passear, brincar com outros cães ou até mesmo sair para fazer suas necessidades. Um Border Collie não pode viver uma vida plena preso em casa o dia todo. Portanto, quanto melhor socializado for seu cão, mais felizes vocês dois serão.

Socialização com Outros Cães

Em geral, os Border Collies tendem a se dar bem com outros cães, mas essa não é uma característica natural em todos os Border Collies. Embora seu cão possa adorar perseguir (e ser perseguido) por outros cães, pode levar tempo até que ele se sinta confortável brincando com outros de sua própria espécie.

Foto cortesia de Shannon Treucker

Ao começar com esse tipo de socialização, encontre um lugar onde seu cão possa interagir com outros, mas não se sinta sobrecarregado com espaços fechados ou muitos cães. Um parque para cães movimentado pode ser muito intimidador no início, mas talvez o parque canino local não esteja tão cheio nas primeiras horas da manhã. Se seu Border Collie puder farejar alguns cães com calma, sem se sentir pressionado, essa pode ser uma boa maneira de deixá-lo confortável com outros. Aulas de adestramento também são uma boa forma de permitir que seu cão esteja na presença de outros cães sem precisar se preocupar em navegar pelas regras da brincadeira.

Quando um cão quer conhecer melhor outro cão, eles farejam os traseiros. Para um humano, esse comportamento parece inadequado, mas pode transmitir muitas informações para um cão. Não o repreenda por fazer isso, mas incentive seu cão a cumprimentar os outros. Farejar o traseiro de um cão permitirá que ele saiba se está lidando com um macho ou uma fêmea e se foram castrados. Acredita-se que há mais informações transmitidas pelo cheiro, mas os humanos não têm um sentido aguçado o suficiente para captar essas informações.

Quando seu Border Collie estiver confortável, ele iniciará a brincadeira ou permitirá que o outro cão inicie. Se ele abaixar a parte da frente do corpo e o rabo estiver alto e abanando, isso é um sinal de que seu filhote quer brincar. Se ele virar de costas ou colocar o rabo entre as pernas, isso significa que não está confortável com sua posição na matilha e está se rendendo ao cão mais dominante.

Fique afastado e deixe seu cão interagir com os outros. Se você estiver nervoso, seu cão perceberá isso e também se sentirá nervoso. Ficar muito perto dá a ele a sensação de que precisa estar em guarda caso algo ruim aconteça. Você quer que seu cão acredite que não há nada com que se preocupar.

Se você vir seu cão mordendo levemente o pescoço de outro cão, isso não significa necessariamente que ele está sendo agressivo. Os cães usam a boca para brincar, então o que você está vendo é um convite para a brincadeira. Os cães se comunicam por meio de sinais não verbais, então seu cão está coletando informações sobre quem é dominante e quem é submisso enquanto interage com outros cães.

Se seu cão ficar realmente assustado, não o force a permanecer em uma situação da qual ele quer sair. Rosnar e dar mordidas são sinais de que você precisa separar seu cão dos outros. Uma experiência traumática pode fazer com que seu Border Collie fique com medo de cães por bastante tempo, por isso é importante observar esses sinais e dar espaço a seu cão, se necessário.

Quando seu Border Collie estiver confortável com alguns cães conhecidos, você pode trabalhar para conhecer novos cães de todos os tamanhos. O objetivo é ter seu Border Collie calmo e confortável perto de
qualquer cão que ele possa encontrar. E é um bônus adicional se seu cão
puder gastar toda a sua energia perseguindo cães pelo parque.

Cumprimentando Novas Pessoas

Assim como os Border Collies tendem a se dar bem com outros cães,
eles também são ótimos com pessoas. Seu Border Collie provavelmente será o primeiro a cumprimentar um estranho com o rabo abanando.
Você provavelmente não vai precisar se preocupar com seu cão sendo tímido com pessoas novas. Eles vivem por atenção e querem todo o amor
e carinho que puderem receber.

No entanto, isso não significa que eles não vão demonstrar cautela ao conhecer novas pessoas. Os Border Collies podem ser desconfia-

Foto cortesia de
Vikky Stewart

dos de coisas novas que nunca experimentaram antes. Por exemplo, se você é uma mulher pequena e seu cão passou tempo com outras pessoas como você, ele se acostumará com a ideia de que todas as pessoas se parecem e soam como você. Mas se um homem grande entrar no espaço do seu cão, ele pode latir e desconfiar da pessoa de aparência diferente. É por isso que é importante socializar seu cão com outras pessoas. Você quer que seu Border Collie se sinta confortável com seus amigos, um passeador de cães ou apenas estranhos passando na calçada.

Ao apresentar seu cão a novas pessoas, peça para a pessoa ficar calma e agir como se não houvesse um cão presente. Quando seu cão se aproximar, permita que ele fareje a pessoa antes de ser acariciado. Se seu cão estiver aberto a ser tocado por um estranho, você pode pedir ao seu amigo que dê um petisco ao cão. Você também pode usar esse método fora de casa. As pessoas geralmente estão ansiosas para acariciar Border Collies porque são muito fofos e amigáveis. Só peça para que a pessoa dê um petisco após o cão demonstrar interesse e aceitação do contato.

Assim como na socialização com outros cães, nunca force seu Border Collie a ficar perto de alguém se ele estiver com medo ou desconfortável. Retire-o da situação e tente novamente em outro momento. Você

Foto cortesia de
Lori Steele

saberá que ele está bem socializado quando conseguir ficar tranquilo perto de estranhos — sem ansiedade, sem superexcitação, apenas com aquele olhar atento e curioso típico dos Border Collies bem equilibrados.

Border Collies e Crianças

Embora a criançada se enquadre na categoria de "pessoas de quem os Border Collies gostam", pode haver casos em que um Border Collie fique irritado com crianças pequenas. Assim como um cão, as crianças podem ser imprevisíveis em suas ações. E por mais que você as instrua a brincar gentilmente com seu cachorrinho, ambos têm a tendência de ignorar as regras dos adultos em favor das suas próprias.

Os Border Collies são bons animais de estimação para famílias devido à sua disposição amigável. Mas podem surgir problemas quando seu Border Collie começa a ver um grupo de crianças como um rebanho que precisa ser pastoreado. Mordiscar tornozelos e correr em círculos ao redor das crianças não é incomum nessa raça.

É sempre bom supervisionar se as crianças estiverem brincando com seu cão, especialmente de forma barulhenta. Você precisará monitorar os sinais não verbais do seu cão para saber quando é hora de ir para a caixa de transporte para relaxar longe das crianças barulhentas. Afinal, um Border Collie pode não saber como lidar com ruídos altos e agudos e carícias bruscas se não estiver perto de crianças regularmente. Pratique um pouco mais de cautela, e seu cão vai aprender a ficar calmo perto delas.

Ao socializar seu cão com pessoas e outros cães, trabalhe devagar para não acabar sobrecarregando seu cão. Um Border Collie assustado pode ser muito teimoso e difícil de livrar de maus hábitos. Ao lidar com outros, o objetivo é fazer com que seu Border Collie naturalmente excitável se sinta calmo e confortável. É natural que seu cão fique animado perto de estranhos, mas deve ser uma animação feliz e não uma animação nervosa.

Depois que seu cão ficar confortável em um local, tente outro lugar. Para o Border Collie sensível a ruídos, comece em parques tranquilos e vá progredindo para lugares barulhentos ou movimentados, como shoppings ao ar livre. Quanto mais lugares ele aprender a frequentar com calma, mais oportunidades vocês terão de aproveitar bons momentos juntos.

CAPÍTULO 7
Seu Border Collie e Outros Animais de Estimação

Se você já tem animais de estimação em casa, um Border Collie pode ser uma ótima adição. Por serem capazes de se dar bem com outros animais, seu novo cão pode se tornar um excelente companheiro para seus pets atuais. No entanto, adicionar um novo animal à sua família pode ser estressante tanto para o recém-chegado quanto para seus pets antigos. Com preparação, você pode facilitar a transição do seu Border Collie para a família. Esta seção vai focar em maneiras de integrar seu novo Border Collie em casa sem perturbar a paz.

Fazendo as Apresentações

"É importante manter as primeiras experiências de socialização do seu filhote positivas. Não o apresente a novos cães a menos que você tenha certeza absoluta de que esse cão vai interagir bem com seu filhote."

Josie Casebere
https://borderlinekennels.wixsite.com/mysite

Não apresse as coisas! Mesmo que você esteja empolgado por ter seu novo Border Collie em casa, todos ficarão muito mais felizes se tiverem a chance de se conhecer gradualmente. Forçar animais que não se conhecem a ficarem juntos é uma boa maneira de criar tensão. E sabemos que os cães são territoriais, então se seu cão antigo acreditar que seu espaço está sendo invadido pelo novo Border Collie, isso pode levar a brigas e outros comportamentos indesejados.

Um criador ou abrigo de Border Collies deve estar disposto a ajudar nesse processo de adaptação. Antes de trazer seu novo cão definitivamente para casa, pergunte se você pode apresentá-lo aos seus outros animais. Encontrem-se em um local neutro, como um parque para cães ou o quintal de um amigo. Permita que os cães se cheirem e incentive-os a brincar.

Se esse encontro correr bem, marque outro encontro em sua casa. Seu cão atual já estará familiarizado com o novo cão, então ele pode se sentir mais confortável tendo o novato farejando seu espaço. Tente relaxar, mas fique de olho nos cães. Não é preciso muito mais do que um olhar estranho de um deles para causar uma briga. Esteja preparado para separá-los instantaneamente.

Pode ajudar ter outra pessoa com você durante esses encontros. Se ambos os cães estiverem com guia e coleira, é fácil separá-los caso não se deem bem logo de cara. Se os cães não se entenderem, separe-os e tente novamente. Pode levar alguns encontros até que se sintam confortáveis um com o outro.

Quando você se sentir confiante de que seus pets podem conviver bem, é hora de trazer seu Border Collie definitivamente para casa. Mas não se iluda achando que já está tudo resolvido. Os cães às vezes se

Foto cortesia de Joanne Herbert

comportam de maneira diferente quando você não está olhando, especialmente os espertos Border Collies. Se você não puder estar presente para supervisionar, pode ser bom criar espaços separados para cada animal. Por exemplo, se você sair para ir ao mercado por uma hora, pode colocar seu Border Collie em um cercado ou usar portões de segurança para criar separação. Dessa forma, eles ainda poderão se ver ou se cheirar, mas terão algo impedindo que sejam muito agressivos caso surja um desentendimento.

Mentalidade de Matilha

Se nossos cães domesticados se comportam ou não da mesma forma que seus ancestrais selvagens é algo discutível. Alguns adestradores baseiam seu treinamento em como os cães agem dentro de uma matilha, enquanto outros não dão muito crédito a essa teoria. No entanto, quando você vê diferentes cães interagindo no parque canino, parece haver uma ordem social. Alguns cães são mais dominantes que outros, enquanto outros são submissos em situações sociais.

Quando seus cães começarem a interagir entre si, você pode começar a notar que eles assumem esses papéis. Se um cão é claramente dominante sobre o outro, isso não é necessariamente ruim. O fato de um cão ser dominante em algumas situações não significa que ele seja necessariamente mau ou agressivo. E seu cão submisso não é necessariamente tímido e medroso. Esses papéis podem mudar dependendo da interação social em que estão.

O que sua pequena matilha deve saber é que você é o líder. Os Border Collies vão testar seus limites e tentar pressioná-lo para conseguir o que querem. Se seu cão estiver latindo porque quer sair para brincar, não ceda aos seus desejos imediatamente, ou ela saberá que está no comando. Tome as decisões pelos seus cães, não o contrário. Alguns adestradores até sugerem que você participe de rituais de matilha, como comer antes do seu cão. Pode não fazer uma diferença notável no comportamento dos seus cães, mas vale a pena tentar.

Brigas

O comportamento de um cão pode mudar em um instante, geralmente quando você não está olhando. Um Border Collie tem um olhar intenso, o que pode incomodar outros cães que estão tentando estabelecer dominância. Ou seu Border Collie pode ser um anjo perfeito e seu outro cão está descontente por não ser mais o centro das atenções. Seja qual for o caso, é assustador estar no meio de cães brigando.

É importante interromper a briga imediatamente para que nenhum cão se machuque. No entanto, também é importante que nenhuma pessoa se machuque ao tentar separar uma briga.

Antes de tudo, é bom saber a diferença entre brincar e brigar. Morder não significa necessariamente que seja uma briga. Os cães podem brincar de forma bruta sem ter má intenção um com o outro. Filhotes mordem porque ainda estão tentando descobrir como usar suas bocas na brincadeira. Se seu novo filhote morder seu outro cão com muita força, o outro cão vai ganir para avisar que está sendo muito bruto. A linguagem corporal e as vocalizações deles vão ajudar você a saber quando intervir. Mostrar os dentes é um bom sinal de que um cão está irritado. Um corpo tenso ou ombros levantados são outros sinais. O rosnado pode soar diferente dos rosnados de brincadeira.

Pode ser perigoso separar uma briga. Se você ficar no meio dos cães, eles podem não parar o ataque só porque você está no caminho. Da mesma forma, se você tentar agarrar um cão pela coleira para afastá-lo, ele pode não perceber que é você tocando nele e tentar atacar. Alguns especialistas recomendam puxar o cão pelas patas traseiras e afastá-lo para trás, o que pode desestabilizá-lo momentaneamente e ajudar a interromper o confronto. Assim que conseguir separar os dois, coloque-os em ambientes distintos até que estejam completamente calmos. Como é difícil separar uma briga sozinho, alguns donos usam um barulho alto ou uma garrafa com spray de água para distrair os cães da briga. No entanto, isso pode não ser suficiente para separar os cães no calor do momento.

Cachorros não se atacam sem motivo. Infelizmente, podemos não entender a causa do estresse deles. Depois que a briga terminar, tente descobrir a causa para evitar brigas futuras. Por exemplo, se você colocou comida para ambos os cães em um espaço pequeno, talvez um tenha ficado possessivo e provocado o outro. Uma vez que você encontrar o problema, pode trabalhar na solução.

Criando Irmãos de Ninhada

Se um Border Collie é bom, então dois Border Collies devem ser melhores, certo? Pode ser divertido ter vários filhotes novos em sua família, mas não é necessariamente uma boa ideia escolher dois filhotes da mesma ninhada. Por um lado, a socialização é mais fácil porque seus dois novos Border Collies estão juntos desde o nascimento. Infelizmente, problemas comportamentais podem surgir por causa disso.

"Síndrome de irmãos de ninhada" é o termo usado para descrever os comportamentos estranhos que irmãos de ninhada desenvolvem em seu novo lar. Donos de irmãos de ninhada descobrem que seus cães são difíceis de treinar porque estão muito ocupados se distraindo um com o outro para ouvir seu dono. Algumas aulas de adestramento até desencorajam trazer irmãos filhotes para a mesma turma. A razão para esse comportamento não é clara, mas alguns acreditam que é porque os cães estão muito bem socializados entre si, e esse vínculo os impede de desenvolver um relacionamento próximo com o dono.

Outro sintoma dessa síndrome é a ansiedade de separação extrema quando um é separado do outro. Por exemplo, se você precisa levar um cão ao veterinário, mas não o outro, isso vai deixar ambos os cães em pânico porque estão muito estressados por não ter sua outra metade por perto. Isso também pode dificultar o treinamento de cada cão separadamente, porque eles estão constantemente se perguntando onde está seu companheiro.

Talvez o pior sintoma da síndrome de irmãos de ninhada seja que esses filhotes são mais propensos a brigar com seu irmão do que filhotes de ninhadas separadas. Diferentemente de outros cães, essa briga não é devido ao medo; em vez disso, acontece quando a frustração é facilmente descarregada no companheiro. Por exemplo, se seus cães querem sair para brincar e você está demorando muito para calçar os sapatos, essa frustração e excesso de energia podem provocar uma briga que pode ser prejudicial para todos os envolvidos.

Foto cortesia de Lora Raycroft

Se você está pensando em comprar ou adotar dois irmãos de ninhada, considere se o estresse extra e os problemas comportamentais valem a pena. Na verdade, você pode reconsiderar comprar dois cães de uma vez, mesmo de ninhadas separadas. Se você está determinado a ter vários cães em casa, traga um para casa e trabalhe com ele até que você esteja confiante de que pode repetir o processo novamente. Muitos donos de primeira viagem não percebem quanto trabalho é criar apenas um cão. Depois de acostumar seu primeiro filhote à sua casa e estilo de vida, você saberá quando estará pronto para o segundo.

O Que Fazer Se Seus Pets Simplesmente Não Se Dão Bem

Alguns cães e gatos não foram feitos para ter irmãos caninos. Diferenças de espécies, raças e socialização podem dificultar a convivência de um pet com um novo cão. Quando você já tentou tudo o que conseguiu pensar para fazer seus pets se darem bem e não funcionou, é hora de traçar um novo plano. Quando você estiver no limite, converse com um especialista. Um veterinário ou um adestrador pode ser capaz de identificar o problema após visitar seus pets.

Se for apenas uma questão de passar muito tempo juntos em proximidade, encontre uma maneira de manter seus pets separados enquanto você não estiver em casa para supervisionar. Por exemplo, se seu gato não está interessado em brincar com um Border Collie energético que continua tentando incomodá-lo, instale portões e torres para gatos que permitam que ele fique longe do seu cão. Se seus cães brigam na hora da refeição, coloque suas tigelas de comida em áreas separadas para que possam comer sem nem mesmo saber que o outro também está recebendo sua refeição.

Forçar seu novo cão a uma situação que não é segura nunca é uma boa ideia. É melhor devolver um cão a um abrigo ou criador do que manter uma situação que possa resultar em ferimentos para você ou seus animais. Pode ser difícil desistir de um cão, mas é melhor esperar até que sua situação doméstica mude antes de aumentar a família.

Socializar um novo Border Collie com os pets existentes é extremamente importante para a felicidade em sua casa. Há muito em jogo, e pode ser doloroso se seus preciosos bichinhos não se derem bem. Dê a eles bastante tempo para se acostumarem uns com os outros. Com paciência, supervisão próxima e um pouco de sorte, seus pets serão os melhores amigos em pouco tempo!

CAPÍTULO 8
Exercício Físico e Mental

"Se você se incomoda com algumas 'manias' e brinquedos sendo jogados no seu colo sem parar, talvez seja melhor optar por uma raça que não tenha uma ética de trabalho tão intensa."

Karen Moureaux
www.bordercollie.tv

De todas as raças de cães, é provável que os Border Collies tenham a maior necessidade de estímulo físico e mental constante. É o que torna essa raça tão divertida de se ter, mas também exige um trabalho exaustivo do dono. Como você descobrirá, não há nada melhor que um Border Collie cansado. O Border Collie cansado é calmo e segue instruções. Quando você quiser receber visitas, ir ao veterinário ou trabalhar em um novo comando, você vai querer seu cãozinho cansado.

Quando um cachorro dessa raça não recebe seu exercício, ele ficará indisciplinado e destrutivo. Ele vai choramingar e latir até você se levantar para brincar, ou esperará você sair para roer os móveis e rasgar livros. O Border Collie energizado também é mais propenso a surtos relacionados à ansiedade se suas necessidades de exercício não forem atendidas.

Quando Border Collies são entregues a abrigos, geralmente é porque os donos compraram um Border Collie por ser fofo e inteligente, mas sem a intenção de dar a ele a quantidade de atenção necessária. Por não serem cuidados da maneira que precisam, esses cães se tornam indisciplinados e difíceis de lidar. Por sua vez, essa teimosia ou mau comportamento faz com que o dono despreparado fique ainda menos disposto a trabalhar com eles. No final, tanto o cão quanto o dono ficam infelizes.

Quando você começar a entender as necessidades individuais do seu Border Collie, sua rotina diária será mais fácil de administrar. Filhotes e jovens adultos podem ser um pacote selvagem de energia, mas à medida que amadurecem, eles se acalmam um pouco. Isso não significa que seu cão adulto perderá o amor pela brincadeira. Uma vez que você encontrar o equilíbrio certo entre exercício e entretenimento, cuidar do seu Border Collie será moleza.

Foto cortesia de
Paul Simon

Requisitos de Exercício

Um Border Collie não ficará satisfeito com apenas um passeio por dia. Depois de exercícios, você pode pensar que seu cão está cansado - espere só um momento. Após um breve descanso, ele estará pronto para brincar novamente. Pode ser um desafio manter seu cão ocupado, especialmente se você tem outros compromissos além de ser um animador de Border Collie. Aqui está um exemplo de rotina diária que pode mantê-lo feliz. Claro, seu cão sempre poderia lidar com mais atividade do que isso, mas isso deve cobrir as necessidades básicas de exercício do seu cão.

Manhã: Faça uma caminhada curta—dez a vinte minutos. Quanto menos seu cão dormir enquanto você está em casa, melhor. Levante-o cedo para um pouco de exercício que permita que ele faça suas necessidades biológicas. Você também pode usar qualquer tempo livre adicional para brincar com seu cão.

Hora do almoço: Depois que seu cão fizer suas necessidades, jogue a bola no seu quintal pelo tempo que puder. Um jogo vigoroso de buscar pode queimar muita energia, permitindo que seu cão tire uma soneca depois que você voltar ao trabalho.

Tarde: Este é um bom momento para uma caminhada longa ou até mesmo uma corrida. Tente dar ao seu cão cerca de uma hora de exercício neste momento. Caso contrário, ele vai incomodá-lo pelo resto da noite.

Noite: A diversão nunca acaba com um Border Collie! Assim que você se acomodou para descansar à noite, seu cão encontrou uma nova fonte de energia. Este é um bom momento para brincar de cabo de guerra ou trabalhar em comandos divertidos. Planeje gastar pelo menos uma hora do seu tempo entretendo seu cão. Algumas ideias para atividades divertidas podem ser encontradas nas seções seguintes.

Lembre-se, seu Border Collie pode lidar com muito mais atividade. Se você estiver em uma posição onde pode passar mais tempo com seu cão, isso é ótimo! Seu cão adorará poder brincar o dia todo entre sonecas. Se sua agenda permite menos tempo livre, considere contratar um passeador de cães ou levar seu cão para um hotelzinho nos seus dias mais ocupados. Você descobrirá que vale a pena o dinheiro para ter um cão satisfeito.

Diferentes Tipos de Exercício para Experimentar

"Você deve dar ao cão um trabalho que ele faça todos os dias até ficar exausto."

Vicki Hughes

www.possumhollowfarms.com

Realmente não há limite para o que seu Border Collie é capaz quando se trata de atividades ao ar livre. Border Collies são ótimos companheiros para longas caminhadas, trilhas ou corridas curtas. Apenas lembre-se que esses cães podem se superaquecer em temperaturas quentes, especialmente se o seu tiver um pelo longo e espesso. Mas em temperaturas frias, um Border Collie ativo pode aguentar bastante tempo. Corridas são boas para queimar muita energia em pouco tempo, mas certifique-se de que seu cão não está se esforçando demais. Border Collies são feitos para tiros de corrida eles podem correr rapidamente, mas com muitos pequenos descansos entre os tiros. Seu cão deve ser capaz de lidar com dois a três quilômetros sem problemas se estiver em forma. No entanto, um cão não deve estar treinando para uma maratona ao seu lado.

Em dias quentes, faça caminhadas mais curtas e frequentes, dando ao seu cão bastante tempo para se refrescar entre os passeios. Além disso, sempre que sair de casa por mais que um passeio rápido em um dia quente, leve água fresca para seu cão e pare com frequência. Os cães não podem dizer quando estão muito quentes e cansados. Se você os forçar demais, a insolação pode deixar seu cão muito doente. Pare para descansos curtos na sombra e fique perto de casa caso seu cão fique exausto. Além disso, se o pavimento estiver muito quente para seus pés descalços, está muito quente para as patas do seu cão. Naqueles dias ensolarados e escaldantes, opte por um lugar com gramado para se exercitar.

Alguns Border Collies adoram nadar. O interesse pela água não é universal em todos os cães desta raça, então teste a propensão do seu cão a mergulhar na água em um local raso. Alguns Border Collies vão brincar na beira de um lago, mas não têm interesse em remar para águas mais profundas. Se seu cão adora nadar, é uma ótima maneira de queimar energia. Mesmo que seu cão seja um nadador experiente, compre um colete salva-vidas para ele. Pode salvar a vida do seu cão se ele tiver problemas em águas abertas.

Se você tem um quintal, buscar a bola e o *frisbee* se tornarão atividades básicas. Seu Border Collie pode precisar de um tempo para aprender a trazer a bola de volta, mas ele perseguirá um brinquedo de um lado para o outro por horas. Estes são ótimos jogos para jogar quando você não tem muito tempo, mas seu cão ainda precisa de exercício.

Se você está procurando uma boa maneira de dar ao seu cão o exercício que ele deseja, permitindo que ele mostre suas habilidades, existem diferentes competições nas quais os Border Collies se destacam. *Agility* é um esporte onde os cães completam uma pista de obstáculos cronometrada enquanto competem contra outros cães. Eles precisam seguir instruções do dono, pular, fazer zigue-zague, escalar e rastejar por túneis. A atlética raça Border Collie é incrível em corridas de *agility*, e é uma ótima maneira de você combinar exercício com treinamento formal.

Foto cortesia de
Winsome Marshall

71

Flyball é outra competição que usa muita energia em um ambiente focado. Pense nisso como uma corrida de revezamento para cães. Uma equipe de quatro cães se reveza correndo com uma bola de tênis de uma caixa para outra enquanto saltam sobre pequenas barreiras. Essas equipes competem contra outras para completar o revezamento o mais rápido possível. Border Collies se saem bem nessas competições porque são rápidos, extremamente focados e bons em seguir direções. No entanto, essas competições exigem que os cães estejam em espaços próximos, e fica barulhento e empolgante na sala. Se seu Border Collie for sensível a ruídos ou gostar do seu próprio espaço pessoal, pode não ser adequado para ele. Independentemente de você decidir inscrever seu cão em competições, existem aulas onde instrutores trabalham com você para ensinar seu cão a participar das atividades. Seu Border Collie pode não se tornar um campeão, mas é sempre bom ensinar novas habilidades e passar tempo com seu cão em um novo ambiente.

Importância do Exercício Mental

"Mais do que desejar seu tempo e atenção, eles são geneticamente projetados para exigi-los. Border Collies que são deixados sozinhos por muito tempo podem facilmente se tornar neuróticos e destrutivos."

Dave Thomas

www.hollycreekbordercollies.com

Border Collies também precisam de muito exercício mental além do exercício físico. Raças inteligentes como os Border Collies precisam de um pouco mais de entretenimento. Sem essa estimulação mental, um Border Collie pode ficar inquieto e destrutivo. Você pode levá-los para vários passeios por dia, mas se eles não tiverem a oportunidade de usar suas mentes brilhantes, ficarão infelizes. Felizmente, a maioria das atividades que você faz com seu Border Collie pode trabalhar tanto o corpo quanto a mente deles. Atividades como *agility*, buscar bolinha e treinamento de obediência podem fazê-los se movimentar e pensar ao mesmo tempo.

Cabo de guerra é um jogo subestimado quando se trata de queimar energia. Alguns donos pensam que esse jogo torna seu cão agressivo, mas desde que seja jogado de acordo com suas regras, você está no controle. Convide seu cão para brincar segurando a corda para ele. Uma vez que ele a agarre, segure com toda a força. Border Collies são muito fortes e determinados. Eles se divertirão tentando ser mais espertos que você para ganhar a corda. Se as coisas ficarem muito selvagens, termine o jogo e deixe seu cão saber que você ainda é o líder.

Existem brinquedos de quebra-cabeça disponíveis em pet shops que são feitos para cães como Border Collies. Esses quebra-cabeças usam comida para incentivar seu cão a "resolver" os quebra-cabeças até que liberem seu petisco. Alguns brinquedos, como *Kongs*, podem ser recheados com biscoitos especialmente projetados que exigem que seu cão os empurre ou os bata no chão para liberar o petisco. Seu cão tem que descobrir como liberar o petisco para poder desfrutar de seu lanche saboroso. Outros brinquedos podem ser preenchidos com a ração do seu cão e devem ser rolados pelo chão para liberar um pedaço de cada vez.

Também existem quebra-cabeças que exigem que seu cão deslize um bloco, puxe uma alavanca ou abra uma pequena gaveta para encontrar petiscos. Esses quebra-cabeças vêm em diferentes níveis de dificuldade e às vezes podem ser personalizados para uma experiência diferente a cada vez. Basta preencher os compartimentos com petiscos e permitir que seu cão use sua inteligência para descobrir como liberá-los.

A melhor coisa sobre esses quebra-cabeças de comida é que eles não exigem sua atenção total. Ao brincar de buscar, seu cão depende de você para estar lá para jogar a bola repetidamente. Com um quebra-cabeça, você pode configurá-lo e deixar seu cão sozinho. Por esse motivo, você pode querer preparar um quebra-cabeça para seu cão

Foto cortesia de Claire Finch

quando precisar sair. Pode levar apenas dez minutos para seu cão terminar de brincar com o brinquedo, mas gastará um pouco de energia enquanto também distrai seu filhote da sua partida. Brinquedos mastigáveis, como ossos, também podem manter seu cão entretido sem precisar brincar também.

Trabalhar em novos comandos é outra atividade incrível para fazer com seu cão. Tente trabalhar em seus comandos todos os dias. Seja você passando uma hora ensinando seu cão a rolar ou cinco a dez minutos praticando "Senta" e "Fica", faça disso uma meta para praticar habilidades de obediência todos os dias.

Se você tem dificuldade em lembrar de trabalhar comandos com seu cão, uma aula em grupo é uma boa maneira de motivar vocês dois a trabalhar nas habilidades dele. Por uma hora por semana, você pode cercar seu cão com outros filhotes aprendendo coisas novas. Quando você precisa praticar para uma aula, é mais fácil se concentrar em trabalhar certas habilidades em casa. Como bônus adicional, quando está muito frio para brincar lá fora no inverno, uma hora de atividade em um ambiente interno pode aliviar parte da energia acumulada do seu cão.

Durante o mau tempo, pode ser difícil ser dono de um Border Collie. Embora seu cão possa adorar saltitar na neve e em temperaturas conge-

Foto cortesia de Jo Hicks

lantes, eles só podem ficar lá fora por um tempo limitado. Esconde-esconde é um ótimo jogo para jogar com seu Border Collie. Você pode esconder objetos para seu cão procurar, ou você pode se esconder e fazer com que eles procurem por você.

Comece colocando seu cão em posição sentada e ordenando que ele fique. Em seguida, esconda-se em algum lugar da sua casa. Quando estiver escondido, diga: "Vem me achar!" e espere seu filhote te achar. Ele vai procurar em todos os cômodos da casa por você. Quando for encontrado, dê ao seu cão um petisco e muitos elogios. Você também pode segurar um brinquedo e deixá-lo puxar se ele conseguir encontrá-lo com sucesso.

Uma alternativa para este jogo é fazer com que seu cão procure um brinquedo específico. Isso exigirá que você ensine ao seu cão alguns nomes primeiro. Esta é uma ótima prática para Border Collies porque eles são capazes de aprender os nomes de centenas de objetos. Depois que eles dominarem alguns nomes, esconda seus brinquedos em diferentes cômodos da casa. Coloque-os na posição sentada e diga: "Procura a pelúcia". Quando eles pegarem o brinquedo e trouxerem de volta para você, dê-lhes um petisco. Este jogo requer que seu cão aprenda os nomes de vários brinquedos, pegue o brinquedo e o traga de volta para você. Este jogo pode ser jogado repetidamente até que seu cão perca o interesse. Mas se você recompensar seu cão com petiscos saborosos, eles brincarão para sempre.

Se você quiser estimular seu cão a olhar para você em busca de instruções, há um jogo simples que você pode jogar. Faça seu cão sentar de frente para você e segure um petisco em cada mão, perto do rosto dele. Abra uma mão para que seu cão quase possa pegá-lo. Quando ele estiver prestes a pegar o petisco, feche essa mão e abra a outra. Então, quando seu cão colocar o focinho nessa mão aberta, repita o processo. Quando seu cão parar e olhar nos seus olhos, ele descobriu o jogo. Dê a ele o petisco e muito carinho. Continue jogando este jogo até que ele olhe para você e espere pelo petisco, em vez de tentar pegá-lo sozinho.

Esta é apenas uma pequena amostra das coisas que você pode fazer com seu Border Collie. Com uma raça tão inteligente e ativa, as possibilidades são infinitas. Embora os cães tendam a gostar de rotina, alternar as atividades que você faz com seu cão pode manter as coisas frescas e interessantes. Até mesmo trocar os brinquedos disponíveis de tempos em tempos pode despertar um novo interesse. É fácil ficar frustrado quando seu cão está constantemente implorando para você brincar com ele. Mas uma vez que você entenda a necessidade do seu cão por estimulação física e mental, você saberá como cansá-lo o suficiente para ter um pouco de paz e sossego — por algumas horas, pelo menos!

CAPÍTULO 9
Adestramento do seu Border Collie

Quando você tem um Border Collie, o adestramento é uma necessidade, não uma opção. Com algumas raças, talvez você consiga ensinar apenas alguns comandos básicos e deixar por isso mesmo. Um Border Collie realmente quer aprender novos comandos porque isso faz com que ele se sinta útil. É incrível observar como o comportamento de um Border Collie muda de brincalhão, quando corre pelo quintal, para sério e concentrado no segundo em que entra na aula de adestramento. Border Collies precisam ter uma função. Embora você não precise mandar seu cão para os pastos para reunir ovelhas, ele deve ter algum tipo de atividade que o faça se sentir útil. Apenas trabalhando comandos por uma hora por dia, seu Border Collie se sentirá satisfeito e orgulhoso.

Felizmente, Border Collies são relativamente fáceis de adestrar quando estão nas circunstâncias certas. Eles são inteligentes e capazes de serem obedientes, então aprenderão novos comandos rapidamente e ouvirão você quando os chamar. Mas se as necessidades de exercício físico do seu cão não forem atendidas, você pode ter mais dificuldade no adestramento do que se seu cão estivesse cansado. Se você perceber que seu cão não está se concentrando quando você trabalha com ele, tente fazer uma corrida rápida e veja se os resultados mudam.

Estabelecendo Expectativas

"Dê o comando uma vez, e depois faça com que ele o execute. Não repita o comando várias vezes até que ele o faça. O erro mais comum é não fazer o cão fazer o que lhe foi ordenado."

Vicki Hughes

www.possumhollowfarms.com

Você provavelmente já viu vídeos de algumas coisas incríveis que os Border Collies podem fazer. Apenas lembre-se que nem todos os cães são iguais. Alguns vêm de origens que os tornam mais fáceis de adestrar do que outros. Além disso, os Border Collies que você vê na TV pertencem a adestradores profissionais que trabalham com seus cães o dia todo. Se você só tem algumas horas livres com seu cão por dia, vai ser

Foto cortesia de
Adele Sanderson

muito mais difícil ter um cão "gênio". Se você planeja ensinar ao seu cão um novo truque por noite com a esperança de que ele domine todos rapidamente, você vai se decepcionar. Não desista do adestramento porque acha que as coisas não estão indo bem. Continue trabalhando nos fundamentos até que seu cão os domine.

Quando você estiver trabalhando nos comandos básicos, não seja muito permissivo com seu cão. Por exemplo, é uma boa prática fazer seu cão esperar você sair pela porta antes dele. Mas quando seu cão vê um coelho no quintal e quer persegui-lo, você toma tempo para fazer seu cão distraído sentar e esperar, ou você abre a porta e deixa ele correr para fora? A consistência ajudará seu cão a lembrar da sua função. Se você está criando regras para seu cão, mantenha-as.

Fundamentos do Condicionamento Operante

O adestramento canino é baseado na teoria psicológica do condicionamento operante. Border Collies são superinteligentes, mas ainda são cães que pensam de forma muito diferente dos humanos. Quando ensinamos conceitos para crianças, frequentemente damos razões para termos certas regras. Com cães, não podemos usar a razão. Um cão não pode perguntar "Por quê?" quando você o manda sentar. Não podemos explicar ao nosso filhote que perseguir carros pode ser muito perigoso. Eles só veem um objeto em movimento e pensam em como seria divertido persegui-lo. Então, temos que adestrar nossos cães em um nível que eles possam entender.

Pense no condicionamento operante como uma forma de fortalecer comportamentos que seu cão já possui usando recompensas. Por exemplo, se seu Border Collie está latindo e você não gosta desse comportamento, você pode esperar até que ele fique em silêncio antes de dar um petisco. Felizmente, o silêncio é um comportamento que seu cão já possui. Quando você dá um petisco após um momento de silêncio, você está dizendo a ele que algo bom acontece quando ele não está latindo. Se você não responder aos latidos, então ele pode não ver nenhuma recompensa nisso. Depois de prática suficiente, ele ficará quieto porque sabe que é bom, e pode até esquecer completamente que petiscos foram usados no início.

Quando aplicamos esse princípio com comandos, seu Border Collie ouvirá um comando, lembrará da posição que deve assumir quando o ouve, e receberá uma recompensa pela resposta correta. No início, eles estão apenas fazendo o que podem para conseguir aquele petisco. Com repetição suficiente, eles ouvirão seu comando e reflexivamente irão sentar sem precisar de um petisco para isso. Leva muito tempo até que um Border Collie domine um comando. Você pode ver ótimos resultados após trinta minutos de prática, mas ao tentar o mesmo comando no dia seguinte, pode notar hesitação na execução. Você deve continuar praticando e reforçando esse bom comportamento para obter os melhores resultados.

Reforço Primário

"Border Collies respondem melhor a métodos de adestramento positivos e gentis. Eles adoram brincar, então se cada sessão de adestramento for transformada em um jogo positivo com muitos elogios, eles aprendem muito rapidamente."

Dave Thomas
www.hollycreekbordercollies.com

No condicionamento operante, os reforços são essenciais para recompensar comportamentos desejados e incentivar que seu cão os repita. Reforços primários são coisas que são inerentemente boas para seu cão. Petiscos e brinquedos são duas formas de reforço primário frequentemente usadas no adestramento canino.

Se você tenta dar um petisco ao seu cão por bom comportamento, mas ele não parece interessado, talvez seu cão não seja motivado por comida. Se seu cão não se importa muito com comida, mas fica louco por brinquedos, seu cão é motivado por brincadeiras e deve ser recompensado dessa forma. Em vez de dar um petisco ao seu cão por rolar, deixe-o pegar seu brinquedo de corda e brinque de cabo de guerra com ele.

Além disso, certifique-se de que os petiscos que você está dando ao seu cão são dignos da atenção dele. Se seu cão não está interessado no que você está oferecendo, tente outro petisco. Cães são atraídos por petiscos com cheiro forte porque isso chama a atenção deles. Escolha algo especial para o adestramento. Experimente alguns sabores diferentes de petiscos macios para adestramento até encontrar um que deixe seu cão louco. Alguns adestradores até sugerem pequenos pedaços de salsicha quando você está tentando aumentar o interesse.

Reforço Secundário

O reforço secundário é aquele que representa ou está associado a um reforço primário. Para humanos, dinheiro é um exemplo clássico de reforço secundário. Pedaços de papel têm significado intrínseco que nos permite trocá-los por coisas que queremos. Como os cães não têm necessidade de dinheiro, usamos dicas verbais e adestramento com *clicker* como reforço secundário.

Um *clicker* é uma ferramenta que faz um som de clique quando você pressiona o botão. Este som é destinado a ser um substituto para um petisco. Para iniciar o adestramento com *clicker*, um dono clica enquanto dá um petisco ao seu cão. Depois de um tempo, um cão entenderá que um clique é bom porque o petisco que o acompanha é desejado. Eventualmente, seu cão conhecerá aquele som de clique como um sinal de que está fazendo um bom trabalho, mesmo sem o petisco. *Clickers* são prefe-

Foto cortesia de Jenny Hall

ridos por muitos adestradores porque é uma maneira precisa de recompensar seu cão. É mais fácil clicar para um bom comportamento do que dar um petisco ao seu cão, potencialmente interrompendo o processo de adestramento. Além disso, quando seu cão está começando a trabalhar em comandos, ele pode sentar, mas se levantar logo em seguida. Se você estiver usando petiscos, não poderá dar um petisco ao seu cão após esse comportamento, porque ele não manteve a posição. Mas com um *clicker*, você pode dar um clique no segundo em que o traseiro dele toca o chão, mesmo que ele se levante um segundo depois.

Se você não tem um *clicker*, pode usar dicas verbais para informar ao seu cão que ele está no caminho certo. Muitos adestradores usam a palavra "Isso" para informar ao seu cão que seu comportamento foi bom. Se seu cão obedece a um comando, diga "Isso!" e dê um petisco a ele. Eventualmente, você chegará ao ponto em que o marcador verbal é recompensa suficiente, e um petisco não será necessário toda vez.

Punição

A punição também faz parte do condicionamento operante, mas não deve ser usada no adestramento canino. A punição pode ser cruel para um Border Collie entusiasmado, que está apenas tentando agradar seu dono, e pode levar a efeitos negativos. Um exemplo comum é repreender um cão por fazer suas necessidades dentro de casa. Gritar e bater em seu cão porque ele fez suas necessidades em um lugar proibido pode desencorajá-lo desse comportamento. Mas, no cérebro de um cão, ele conectará sua ação com medo. O problema é que seu cão pode não corrigir seu comportamento da maneira que você espera. Em vez disso, ele aprenderá que é assustador fazer suas necessidades perto de você, então ele vai escondê-las. Ele pode ficar tão assustado de ser punido novamente que nem fará suas necessidades do lado de fora na sua presença. A punição sozinha não é uma boa maneira de reforçar o comportamento. Você pode ver alguma mudança comportamental, mas é difícil controlar como ela se manifestará.

Isso não quer dizer que o mau comportamento não pode ser corrigido. É perfeitamente aceitável chamar a atenção para o mau comportamento do seu cão e mostrar a ele o que você preferiria, mas no segundo em que você provoca medo nele, é difícil recuperar a confiança dele. Border Collies não gostam de ser pressionados. A falta de positividade no adestramento do seu cão pode fazer com que ele reaja e se torne ainda mais indisciplinado.

Foto cortesia de
Yvonna Wain

Aulas e Adestradores

Todos os donos de Border Collie devem matricular seu cão em pelo menos um curso de adestramento, pois há muitos benefícios nas aulas em grupo. Se você tem um Border Collie cauteloso, as aulas são uma ótima maneira de levar seu cão a um novo lugar com muitos sons e cheiros novos. Uma aula também permite que seu cão socialize com outros cães e humanos sem a pressão de ter que brincar. Se você pode ensinar seu cão a ficar calmo perto de estranhos, então você tem uma chance melhor de ensiná-lo a ficar calmo no mundo exterior.

Se você nunca adestrou um cão antes, uma aula provavelmente ensinará mais sobre como trabalhar com seu cão do que ensinar coisas novas ao seu cão. Traga seu parceiro ou filhos para uma aula para que eles possam aprender a trabalhar com o cão da família. Um adestrador é um recurso valioso. Não só você pode aprender novas habilidades, mas também pode fazer perguntas específicas sobre seu cão a um especialista. Pode ser frustrante ter problemas comportamentais com seu Border Collie, mas um especialista pode recomendar dicas e truques para resolvê-los.

Dependendo de onde você mora, há muitas aulas disponíveis para cães. Aulas de obediência são ótimas para construir uma base de comandos básicos para seu cão. Seu cão não só aprenderá comandos, mas também trabalhará em ouvir e observar suas direções. Existem diferentes níveis de cursos de obediência, então uma vez que você domina uma aula, pode passar para a próxima.

O curso Cão Cidadão do Alexandre Rossi é uma aula popular para cães e uma ótima para Border Collies. Esta aula percorre alguns comportamentos que tornam um cão sociável e bem-comportado em público. Você trabalhará em passear com seu cão com a guia frouxa, mantendo seu cão focado quando há muitas distrações, e mantendo-o calmo e relaxado perto de pessoas e outros cães. No final do curso, muitos clubes oferecem um teste que permitirá que seu cão se torne certificado como Cão Cidadão.

Faro (ou detecção olfativa) é outra ótima aula que pode manter a mente do seu Border Collie trabalhando. Pense neste esporte como simulação de trabalho de cães farejadores da polícia, mas sem as drogas! Usando óleos essenciais, seu cão aprenderá a encontrar um cheiro específico. Uma vez que seu cão encontra o cheiro correto, ele será recompensado. É como uma divertida caça ao tesouro para seu cão, que capta muitas informações sobre o mundo através do olfato. Também é uma boa maneira de gastar energia mental.

Se você descobrir que seu cão é ótimo em aprender truques divertidos, considere um curso de *agility* ou *freestyle* canino. Aprimore as habilidades do seu cão e inscreva-o em uma competição quando ele estiver pronto para mostrar suas habilidades. Ou, se você descobrir que os instintos de pastoreio do seu cão urbano são aguçados, você pode encontrar uma aula de pastoreio para cães que não trabalham no pasto.

Em alguns casos, pode ser melhor contratar um adestrador particular para ir à sua casa. Uma aula particular é boa para cães que realmente têm dificuldade de estar perto de outros ou têm problemas comportamentais graves que não podem ser abordados em um ambiente de grupo. Ou seu cão pode estar tão avançado em suas habilidades que você precisa de uma ajuda personalizada para preparar seu cão para competições. Esses adestradores são mais caros do que se você frequentasse um curso em grupo, mas dependendo das suas necessidades, pode valer muito a pena.

Comportamento do Dono

O comportamento e a atitude do seu cão não são os únicos que importam aqui! A maneira como o dono se comporta ao redor do animal faz uma grande diferença em como o adestramento acontece. Como os Border Collies podem captar sinais não verbais, sua linguagem corporal e tom de voz significam tudo para este cão. Se você está visivelmente frustrado e irritado durante o adestramento, seu cão sentirá isso. Se você está animado e positivo, seu cão responderá melhor a você. Border Collies têm como objetivo agradar, e se eles sabem que você ama o que eles estão fazendo, eles se esforçarão muito mais.

Adestrar um cão não é fácil. Cães serão cães e se distrairão com diferentes cheiros e podem não querer prestar atenção em você. É fácil ficar frustrado quando seu cão está desobedecendo. Se você começar a ficar irritado, dê um passo atrás e relaxe. Quando estiver pronto para voltar ao adestramento com muita energia positiva, você pode praticar com seu cão novamente.

Border Collies são ótimos trabalhadores, mas também precisam de tempo para brincar. Se você esteve trabalhando em comandos por um tempo, faça uma pequena pausa para brincar, depois volte à sua prática. Mantenha o adestramento divertido e positivo.

Ao adestrar seu Border Collie, lembre-se de pensar como um cão. Eles aprendem através do condicionamento, então repetição e recompensa são fundamentais. A positividade o levará muito mais longe do que táticas de adestramento baseadas no medo. O adestramento pode ser demorado e ocasionalmente frustrante, mas uma prática regular pode transformar um cão entediado e mal-comportado em um cão educado e um prazer de se ter por perto. Experimente diferentes tipos de adestramento para manter as coisas interessantes e divertidas para seu cão e lembre-se de dar ao seu cão todo o amor e elogios que ele merece.

CAPÍTULO 10
Comandos Básicos

"Eles aprendem rápido, então não fique repetindo a mesma lição. Quando eles entenderem, passe para o próximo item e apenas relembre os comandos anteriores de vez em quando."

Maggie Pogue
M Bar M Cattle Dogs

Agora que você tem um Border Collie, vai querer começar o adestramento o quanto antes. Uma base sólida é necessária quando se trata de treinamento, porque muitos truques e comandos são apenas variações dos comandos básicos. Por exemplo, você não pode ensinar um cachorro a rolar se ele não souber como deitar quando comandado. Com prática consistente e frequente, seu Border Collie dominará o básico em pouco tempo.

A Importância dos Comandos Básicos

Os donos de cães tendem a pensar nos comandos básicos como truques divertidos, mas é muito mais importante que isso. Um cachorro que conhece comandos básicos pode ser controlado. Quanto melhor seu cão for em ouvir seus comandos, mais fácil será controlá-lo. Como proprietários, é necessário controlar nossos cães porque temos uma compreensão melhor do mundo ao nosso redor do que eles.

Para um Border Collie, o som de uma lixeira caindo pode ser aterrorizante. Nós sabemos que não há perigo, mas um Border Collie não sabe. Seu instinto pode ser correr para longe da direção do som o mais rápido possível. Eles podem, sem perceber, correr direto para o trânsito porque não entendem que um som assustador não é perigoso, mas veículos em alta velocidade são. Mas se você conseguir chamar seu cão e fazê-lo ficar parado em um lugar, você pode salvar a vida dele de um perigo real do qual ele não está ciente. Um cão bem treinado pode permanecer em uma posição quando um carro passa, pode vir para o seu lado quando estiver muito longe de você e pode largar algo que possa deixá-lo doente.

Onde Praticar

O local de treinamento é importante quando se trabalha com seu cão. Se você só praticar na cozinha, não se surpreenda quando seu cachorro for perfeito nos comandos na cozinha, mas não conseguir prestar atenção lá fora. As distrações serão diferentes em todos os lugares que você for, então é bom variar quando se trata do seu tempo de treinamento.

Para começar, um lugar dentro de casa com poucas distrações é o melhor. Este é o momento de ensinar novos comandos ao seu cão. Depois, quando seu cachorro dominar os comandos em um espaço, tente em outro lugar. Você pode até descobrir que seu cachorro responde de forma diferente dependendo de onde ele está dentro de um mesmo cômodo!

Depois que seu cão dominar os comandos dentro de casa, vá para um lugar familiar ao ar livre. Um quintal é ótimo porque é familiar para seu cão, mas também é diferente e há mais distrações. Depois disso, você pode praticar no jardim da frente ou em um parque que visita regularmente. Não se esqueça de praticar comandos perto de outros cães. Se seu cachorro se meter em uma situação complicada com outro cão, você vai querer que ele ouça você quando for importante. Parques para cães e aulas de treinamento em grupo são ótimos lugares para trabalhar habilidades. Então, quando seu cão estiver realmente afiado em um local, vá para um lugar completamente novo com muitas distrações. Um shopping ao ar livre é um bom lugar para praticar porque há muitos sons, cheiros e pessoas novas. À medida que você ensina novos coman-

Foto cortesia de
Claire Finch

dos ao seu cão, teste-os quando for a novos lugares. Você pode até incorporar pausas em seus passeios diários para trabalhar o sentar e ficar.

Outras Dicas para o Treinamento

Considere a hora do dia em que você trabalha os comandos com seu cão. Se você usar petiscos saborosos como recompensas, pode querer pensar em treinar antes do seu cão comer, especialmente se ele não for extremamente motivado por comida. Um cão com fome pode estar mais inclinado a trabalhar duro por comida, ao contrário de um que acabou de comer. Além disso, um Border Collie cansado se comporta melhor do que um agitado, então se você achar que seu cão está muito elétrico para prestar atenção, faça uma corrida rápida ou deixe seu cão correr pelo quintal por alguns minutos antes de voltar ao treinamento.

Quando você ensinar comandos, pode também tentar incorporar sinais de mão que correspondam ao comando verbal. Por exemplo, um punho fechado e levantado pode significar "Senta" e uma mão estendida pode sinalizar "Fica". Dessa forma, você pode dar comandos silenciosos ao seu cão e manter a mente dele trabalhando enquanto você alterna entre linguagem verbal e não-verbal.

Recompensas são boas, mas o ideal é chegar ao ponto em que não precise dar um petisco após cada comando bem-sucedido. Se você der um petisco ao seu cão toda vez, ele vai esperar um petisco sempre que fizer algo que você quer e pode até ganhar uns quilinhos! Seu cão ainda será condicionado se você der um petisco aleatoriamente. Mas você

Foto cortesia de Carol Hicks

pode dizer "Isso" toda vez que seu cão obedecer. O estímulo verbal vai deixá-lo saber que o que ele fez estava correto.

Border Collies adoram treinar, mas depois de muito tempo, eles perderão o interesse. Para manter o treinamento divertido, faça pausas após cerca de dez minutos quando estiver ensinando um novo comando. No final de uma sessão de treinamento, reserve tempo para mais brincadeiras.

Se você se sentir frustrado porque seu cão não está ouvindo, faça uma pausa. Se você se sentir com raiva, seu cão associará o treinamento a esses sentimentos negativos. É melhor esperar até se acalmar do que tentar forçar uma sessão de treinamento que nenhum de vocês quer participar. Lembre-se, o treinamento deve ser divertido e positivo. Um Border Collie será receptivo a aprender novas habilidades se estiver se divertindo.

Os Comandos Básicos

Embora não haja realmente limite para o que você pode ensinar seu Border Collie a fazer, existem alguns comandos que todos os Border Collies devem conhecer. Esses comandos não só ajudarão seu cão a se comportar bem em sua casa, mas também poderão potencialmente salvar a vida dele um dia. Esses comandos também são a base para muitos outros comandos que você vai querer ensinar ao seu Border Collie no futuro.

Senta

Este é talvez o primeiro comando que você ensina ao seu cão. O 'senta' é útil para controlar seu Border Collie e mantê-lo parado. Você pode praticar este comando enquanto espera para atravessar a rua, quando alguém chega à porta ou enquanto conversa com pessoas no parque.

Para ensinar este comando, comece com seu cão em pé na sua frente, olhando para você. Segure um petisco na frente do focinho dele, depois mova-o lentamente para cima e para trás. Ele naturalmente sentará para acompanhar o petisco com os olhos. No segundo em que o traseiro dele tocar o chão, diga "Isso! Senta!" e dê o petisco. Eventualmente, seu cão entenderá que o comando "Senta" significa que ele deve sentar até receber mais instruções. Quando você estiver pronto para que seu cão se levante, diga "Ok" e faça com que ele se levante e venha até você. Repita este movimento e conecte o comando verbal à ação até que ele possa ouvir o comando "Senta" e fazer o que você quer.

Se você estiver tendo dificuldades para colocar seu cão nesta posição, pode querer colocar uma leve pressão acima da base da cauda para movê-lo suavemente para a posição sentada. Você não está forçando seu Border Collie para baixo, mas está lembrando-o gentilmente do que você quer dizer com "Senta". Além disso, se seu cão não estiver respondendo, não repita o comando até que ele ouça. Diga "Senta" uma vez e, se ele não responder, mova o petisco na frente do rosto dele ou coloque uma leve pressão no traseiro até que ele entenda.

Deita

Este comando coloca seu cão em uma posição deitada. Isso pode ser um pouco mais difícil de ensinar a um Border Collie do que o sentar, porque seu cão pode ver isso como uma posição submissa. Mas é bom ensinar porque diz ao seu cão que você precisa que ele relaxe um pouco. Por exemplo, você pode fazer seu cão sentar quando precisar que ele fique quieto por apenas um momento antes de voltar sua atenção para ele. Você pode colocar seu cão na posição deitada quando precisar que ele fique parado por um período mais longo.

Para ensinar isso, comece com seu cão na posição sentada. Depois, pegue seu petisco e segure-o na frente do focinho do cão. Abaixe o petisco até o chão e, com sorte, a cabeça do seu cão deve segui-lo até que o queixo esteja perto do chão. Você também pode colocar seus dedos na coleira do seu cão ou aplicar suavemente tensão na guia para que a cabeça dele abaixe até o chão. Quando os cotovelos dele tocarem o chão, diga "Isso! Deita!" e dê o petisco. Não use força excessiva para posicionar seu cão no chão, porque isso deixará um Border Collie sensível desconfortável ou pode realmente machucá-lo.

Fica

Este comando é necessário se você tem um Border Collie ativo que quer explorar tudo. Se seu cão conseguir sentar e ficar, você não precisará se preocupar com ele correndo se você tiver que soltar a guia por um momento. E é bom saber se você quiser brincar de esconde-esconde com seu cão. Comece ensinando este comando na posição sentada e depois passe para a posição deitada.

Comece com seu cão sentado ao seu lado, olhando na mesma direção. Diga "Fica" e segure sua mão na frente do rosto dele. Se ele não se mover após um breve momento, recompense-o. Uma vez que ele tenha dominado isso, tente andar em círculo ao redor do seu cão. No segundo em que ele se mover, coloque-o de volta na posição sentada e tente novamente. Não recompense seu cão se ele fizer qualquer movimento, mesmo que seja apenas um tremor. Mas dê muitos carinhos e recompensas se ele conseguir ficar parado.

Quando seu cão tiver entendido a ideia, crie mais distância entre você e ele. Faça-o ficar, depois afaste-se e retorne. Ou faça-o ficar e depois chame-o para você. Adicione mais distância e distrações para testar a capacidade do seu cão de ouvir e confiar em você.

Olha pra Mim

Este é um comando muito sutil que ajuda a criar bons hábitos em seu Border Collie. Este cão tem uma mente própria, então precisa de lembretes frequentes de que você está no comando e que ele deve olhar para você em busca de direção. Esta habilidade será muito benéfica quando se trata de passear ou evitar distrações. Também é útil quando você quer tirar a foto perfeita do seu Border Collie!

Comece fazendo seu cão sentar na sua frente. Diga "Olha pra mim" e, com as mãos perto dos olhos, segure um petisco em cada mão. Quando o olhar do seu cão encontrar os petiscos (ou seus olhos), diga "Isso!" e dê um petisco. Repita isso até que seu cão olhe para você quando ouvir o comando, mesmo que não haja um petisco na frente do seu rosto. Depois de dominar isso, pratique quando seu cão estiver sentado e parado com muitas distrações. Espere até que seu filhote esteja prestando atenção em outra coisa com os olhos e então diga o comando. Se ele olhar para você, então você sabe que ele dominou!

Vem

O comando de chamado pode ser muito útil quando um perigo repentino aparece ou você só quer que seu cão entre em casa no final do dia. O objetivo final é fazer com que seu cão largue qualquer coisa fascinante que esteja farejando e retorne para você. Este comando também pode mudar completamente a direção em que ele está se movendo e guiá-lo de volta para você. Por exemplo, se seu cão começar a perseguir um gato de rua na rua, um cão com boas habilidades de chamado vai virar rapidamente e correr de volta para você quando ouvir "Vem".

Pegue um petisco muito gostoso e diga animadamente o nome do seu cão. Se ele vier correndo até você para investigar, diga "Isso! Vem!" e recompense-o. Ou se seu cão naturalmente vem até você, recompense-o da mesma forma como se você o tivesse chamado. Aumente a distância e continue chamando seu cão e recompensando com petiscos saborosos. É importante também ensinar seu cão a deixar você segurar na coleira sem recuar ou sair correndo. Isso é para que você possa segurá-lo em caso de emergência. Quando seu cão começar a entender

"Vem", tente adicionar um senta e fica para evitar que ele saia correndo novamente para brincar.

Às vezes, os donos chamam seu cão porque ele foi malcriado. Quando isso acontece, a voz do dono é dura e irritada. Isso ensina ao cão que se ele responder ao "Vem", será punido. Por isso, use o comando de chamado apenas em situações positivas, ou seu cão pode não obedecer quando realmente importar. Você quer que seu cão pense que vir até você é a melhor coisa do mundo.

Solta

Esta habilidade pode não ser sempre uma das primeiras coisas que um dono ensina ao seu novo cão, mas pode salvar a vida dele. Border Collies são naturalmente curiosos e ocasionalmente teimosos, então são inclinados a colocar a boca em coisas que acham atraentes ou interessantes. Muitas vezes, as coisas que encontram podem deixá-los doentes. Ou, em alguns casos, seu cão com instinto de caça conseguirá pegar um pobre coelho, e você vai querer libertar o bichinho antes que seja tarde demais. Às vezes, vale a pena ensinar este comando para que você

Foto cortesia de Sharon Jeffrey

possa brincar de buscar com sucesso e não gastar metade do seu tempo arrancando a bola da boca do seu cão teimoso.

Se você brinca de pegar ou buscar com seu Border Collie, esta é uma maneira perfeita de ensinar o comando. Jogue uma bola e deixe-o pegá-la com a boca. Se ele soltar a bola por conta própria, elogie este comportamento - "Isso! Solta!" Se seu cão não estiver tão disposto a largar o brinquedo, segure um petisco na frente do rosto dele. Ele provavelmente vai soltar a bola para que haja espaço para um petisco na boca. Elogie este comportamento da mesma forma. Eventualmente, você será capaz de dizer ao seu cão para pegar um objeto e soltá-lo.

Passear

Como os Border Collies precisam de muito exercício, passear é uma parte necessária da vida. Como você passará muito tempo em passeios, você vai querer treinar seu cão de uma maneira que torne o passeio agradável e não um incômodo. Andar bem na guia não é intuitivo para a maioria dos cães. Eles prefeririam correr à frente ou ficar para trás enquanto farejam e exploram cada novo cheiro. O que você está buscando é o que geralmente é chamado de "junto". Isso significa que seu cão anda perto de você com a guia frouxa.

Sempre ande com seu cão do seu lado esquerdo. Esta rotina ensina ao seu cão que ele pertence a um lugar muito específico e não deve ficar vagando por aí. Segure a ponta da guia na mão direita e deslize a mão esquerda até a metade da guia para manter seu cão perto. Dessa forma, se seu cão sair da posição, a tensão na guia o corrigirá. Para ensinar seu cão a ficar perto do seu quadril esquerdo, segure um petisco na mão direita, guiando-o para frente com o petisco. Se ele andar com você, dê-lhe muitos elogios e petiscos. Se seu cão olhar para você em busca de direção a qualquer momento, celebre com entusiasmo. Você quer que seu cão ande com você, não que seu cão o comande.

Agora, Border Collies são cães fortes e podem não se importar se houver tensão na coleira. Em vez disso, eles avançarão, mesmo que isso machuque a garganta deles. Uma maneira de alertar seu cão que seu comportamento não é aceitável é parar no momento em que ele começar a puxar. Com o tempo, eles podem descobrir que só podem ser recompensados com o passeio quando andam com a guia frouxa. Se isso não for suficiente, faça uma meia-volta abrupta toda vez que eles puxarem. Pode demorar um pouco antes que você realmente vá a algum lugar, mas isso ensinará ao seu Border Collie que você está no comando do passeio. Alguns donos mudam para uma coleira peitoral com medo de que um cão se machuque, mas essa opção pode tornar ainda mais fácil para o cão puxar com força. O ideal é utilizar uma coleira com fivela e manter o controle desde o início. Como é fácil para maus hábitos de passeio se manifestarem em seu Border Collie, é importante ser rigoroso quando se trata de treinamento com guia. Não permita que seu cão o guie só para exercitá-lo e gastar energia. Você pode se encontrar girando em círculos por alguns primeiros passeios, mas é melhor do que permitir que seu cão o arraste em todos os passeios no futuro. Nunca saia para passear sem um bolso cheio de petiscos, porque cada passeio está cheio de oportunidades de treinamento. Não desista de passear porque seu Border Collie tem uma mente própria. Continue trabalhando nisso até que seu cão ande com a guia frouxa e não lhe dê problemas.

Depois de dominar esses comandos básicos, você pode continuar a construir o conhecimento do seu Border Collie. Esses comandos básicos são um bom ponto de partida porque podem salvar a vida do seu cão. Haverá tempo depois para ensinar truques fofos, então certifique-se de que seu cão tenha essas habilidades dominadas antes de passar para novos comandos. Um Border Collie que pode fazer todas essas coisas sem ser solicitado duas vezes será uma alegria de ter em sua casa e permitirá que você durma tranquilo à noite, sabendo que seu Border Collie não se meterá em problemas enquanto você estiver por perto.

CAPÍTULO 11
Comandos Avançados

Só porque seu cachorro dominou o básico não significa que você deve parar o adestramento! Junto com a prática contínua dos comandos básicos, é bom introduzir novos comandos para manter seu cachorro entretido e obediente. Não há limite para o que seu Border Collie é capaz de fazer. Então, se seu cachorro tem talento para fazer truques, considere participar de competições de *freestyle* onde você e seu cão podem mostrar o resultado do seu trabalho duro.

Muitos desses comandos avançados não passam de truques divertidos para festas, mas seu cachorro não saberá a diferença. Para eles, responder aos comandos é um trabalho e, com muita prática, ficarão mais confiantes em suas habilidades. Este capítulo dará algumas dicas e sugestões para ensinar ao seu cachorro alguns comandos avançados.

Rolar/Fingir de Morto

Se seu cachorro conhece o comando "Deita", então você está no caminho certo para ensinar a rolar ou fingir de morto. Quando seu cachorro estiver na posição deitada, segure um petisco na frente do focinho dele e gire sua mão em círculo. A cabeça dele deve seguir sua mão até o ponto em que ele acabe deitado de lado. Quando ele chegar à posição de "Morto", parabenize o bom comportamento e use o nome do comando mais uma vez. Você pode escolher um nome de comando engraçado como "Cachorro morto!" ou "Bang!"

Para rolar, seu cachorro só precisa ser capaz de completar o giro. Atenção, rolar é um sinal de submissão em cães. Não importa quantas vezes você pratique, alguns cães realmente resistirão a rolar completamente. Uma vez que você dominar o movimento para cada uma dessas variações a partir da posição deitada, tente começar a partir da posição sentada para um desafio maior.

Senta Bonito

"Senta bonito" é um truque adorável para fazer com seu Border Collie. Também é conhecido como "Pedir", porque o cachorro fica sentado nas patas traseiras com as patas dianteiras penduradas na frente do peito. Este comando exige força no abdômen e equilíbrio do seu cachorro, então se ele não conseguir sentar-se imediatamente, continue praticando.

*Foto cortesia de
Jill Matthews*

Para colocar seu cachorro nesta posição, faça-o começar na posição sentada. Segure um petisco na frente do focinho dele, depois mova-o lentamente para trás e sobre a cabeça. Isso deve fazer com que ele olhe para cima. Eventualmente, o petisco ficará fora de alcance, e ele pode tentar levantar uma ou duas patas dianteiras para alcançá-lo. Se você mover o petisco muito rapidamente, pode fazer com que seu Border Collie apenas pule nas patas traseiras. Mova o petisco devagar e calmamente e, com um pouco de desequilíbrio, seu cachorro chegará à posição correta.

Dar a Pata

Este é um truque clássico que seus amigos e familiares vão adorar fazer com seu cachorro. Para começar, faça seu cachorro sentar de frente para você. Segure um petisco na mão, perto da pata que você quer que ele levante. Provavelmente ele vai cheirar e empurrar sua mão com o focinho, mas não dê o petisco. Quando ele não conseguir dessa maneira, pode usar a pata para tentar abrir sua mão. Se ele tentar usar a pata de qualquer forma, diga o comando e dê o petisco. Continue isso até que seu cachorro responda ao comando levantando a pata para você pegar. Se ele não responder ao petisco na sua mão, você pode tentar cutucar o pé ou a perna até que ele a levante. Elogie esse comportamento quando acontecer.

Guardar os Brinquedos

Este é um truque divertido se seu Border Collie já conhece "Pega" e "Solta", e é realmente possível ensinar seu cachorro a guardar os brinquedos! Primeiro, escolha um brinquedo que seja fácil para seu cachorro pegar. Um osso pequeno ou uma bola funciona bem. Depois, encontre um recipiente pequeno para usar como caixa de brinquedos. Um recipiente plástico pequeno e raso ou uma caixa de sapatos é ideal.

Comece este truque fazendo seu cachorro pegar o brinquedo. No momento em que ele fizer isso, coloque um petisco na caixa de brinquedos. Depois que ele receber a recompensa, reposicione o brinquedo e peça para ele repetir o processo. Com tentativas suficientes, ele vai prever seu próximo movimento e ajustará a cabeça para pegar o petisco na caixa, deixando cair o brinquedo perto do recipiente. Quando ele conseguir colocar o brinquedo na caixa, fique animado e dê muito carinho ao seu cachorro. Você quer que ele entenda que você gosta quando ele coloca o brinquedo na caixa.

Equilibra

Se você tem um cachorro motivado por comida, este truque é uma maneira incrível de testar suas habilidades de obediência. Faça seu cachorro sentar e ficar na frente de você. Depois, segure suavemente o focinho dele nivelado e coloque um biscoito canino em cima do focinho. Faça-o equilibrar o petisco até você dizer "Ok" e liberá-lo da posição. Antes de liberar seu cachorro, mantenha suas mãos próximas para que ele não possa trapacear e pegar o biscoito antes de ter sua permissão. Este é um bom truque para tentar quando você está trabalhando no comando "Fica" e precisa de um novo desafio.

Rasteja

Este é um comando que seu Border Collie deve ser capaz de aprender facilmente, pois é natural para um Border Collie querer avançar lentamente com o corpo próximo ao chão. Comece com seu cachorro na posição deitada e segure um petisco no chão, um pouco fora de alcance. Seu cachorro começará a se mover para frente para pegar o petisco. Se ele se levantar, não dê a recompensa. Tente novamente até que seu cachorro rasteje alguns passos antes de recompensá-lo. Uma vez que ele pegue o jeito, aumente a distância.

Gira

Fazer seu cachorro girar por um petisco pode ser um exercício divertido para ele. Comece com seu cão em pé, bem de frente para você. Pegue um petisco e deixe que ele o veja e se aproxime. Quando ele estiver prestes a pegar, mova sua mão com o petisco na direção do seu corpo e, em seguida, faça um movimento circular para o lado, como se estivesse desenhando um círculo no ar. Seu cachorro seguirá sua mão e girará enquanto você faz um círculo com o braço. Para facilitar o giro completo, chame seu cachorro com entusiasmo para que ele venha até você

Foto cortesia de
Carol Hicks

com mais impulso. Assim, ele terá velocidade suficiente para completar a volta com naturalidade.

Dança

Este é um truque que agrada a todos e que certamente todos vão adorar. Como você fez com o comando "Senta bonito", mova um petisco na frente do seu cachorro sentado até que ele fique em pé nas patas traseiras. Mova o petisco um pouco mais rápido e segure-o mais alto para que ele saia completamente do chão. Pode ser difícil para seu cachorro equilibrar-se no início, então se seu cachorro conseguir ficar em pé nas patas traseiras por alguns segundos, recompense-o. Uma vez que ele consiga se equilibrar nas patas traseiras, mova o petisco em círculo como você fez com "Girar". Seu cachorro dançará e rodopiará conforme você o direciona pelo chão. Você pode fazer seu cachorro girar em diferentes direções quando ele ficar bom nisso.

Fala

Se seu Border Collie já é vocal, pode ser bom dar a ele uma maneira controlada de usar sua voz. Muitos adestradores acreditam que ensinar um cachorro a 'falar' sob comando pode impedi-lo de latir quando você quer um pouco de paz e silêncio. Mas se seu cachorro é quieto para começar, você pode simplesmente deixar esse comando de lado e apreciar o silêncio.

Primeiro, você precisa pegar seu cachorro enquanto ele está latindo. Abrir a cortina da janela pode ser o suficiente para isso. Ou alguns adestradores imitam o latido de um cachorro para fazer com que seu próprio cachorro responda. Quando seu cachorro latir, diga "Sim!" e recompense-o. Em seguida, adicione a deixa, "Fala". Muitas vezes, você pode perceber quando seu cachorro está prestes a latir. Diga o comando e recompense seu cachorro quando ele obedecer. Depois de alguma prática, recompense seu cachorro apenas quando ele latir após receber o comando. Com sorte, seu cachorro aprenderá que é encorajado a latir quando recebe o comando e não late com tanta frequência em outras situações.

Identificar Brinquedos

Este é um bom truque para um Border Collie porque esta raça é capaz de aprender muitos nomes. Quando seu cachorro está entediado, esta é a maneira perfeita de fazer sua mente trabalhar. Se seu cachorro conhece o comando "Pega", então ele deve ser capaz de identificar brinquedos.

Primeiro, deixe seu cachorro ouvir você chamar um brinquedo pelo nome. Sente-se no chão com seu filhote e brinque com um brinquedo.

Diga coisas como "Pega Esquilo" ou "Solta Esquilo" até que ele entenda que o nome do brinquedo de pelúcia é Esquilo.

Em seguida, coloque o brinquedo ao lado de alguns itens que não são brinquedos. Diga ao seu cachorro para "Pegar Esquilo" e elogie e recompense-o se ele pegar o brinquedo. Repita isso até que ele domine a técnica. Então você pode substituir os não-brinquedos por brinquedos e ver se tem o mesmo resultado. Depois que seu cachorro dominar um nome, repita o processo com um brinquedo diferente. Eventualmente, você vai querer chegar ao ponto em que pode alinhar todos os brinquedos do seu cachorro e ele escolherá aquele que você nomear.

Uma variação deste comando é esconder os brinquedos do seu cachorro pela casa. Coloque seu cachorro na posição senta e fica. Depois, diga ao seu cachorro para encontrar um brinquedo específico. Se ele conseguir procurar pela casa e trazer o brinquedo certo, ele ganha o jogo e recebe petiscos. Se ele trouxer o brinquedo errado, coloque-o de volta na posição senta e fica e tente novamente até que ele acerte. Você pode jogar este jogo à noite ou em dias em que o tempo está ruim, pois dá ao seu cachorro a estimulação física e mental de que ele precisa sem sair de casa.

Vai pra Casa

Este comando pode ser muito útil se seu Border Collie estiver solto no jardim da frente e você quiser que ele volte para a casa ou para o quintal. Pode manter um cachorro que está vagando em segurança, ou pode ajudá-lo a reunir um cachorro bem-comportado e sem guia quando é hora de entrar. Este comando é uma variação de "Vem", mas em vez de chamar o cachorro para você, direciona seu cachorro para o quintal.

O final de um passeio é um bom momento para praticar este comando. Seu cachorro provavelmente está acostumado a ir em direção à porta depois de um passeio, e provavelmente vai querer beber água e descansar. Se seu cachorro naturalmente caminha à sua frente para ir ao quintal, dê o comando "Vai pra casa" e recompense-o assim que ele atravessar o portão. Quando ele se aproximar do destino, solte a guia e deixe-o andar o resto do caminho sozinho. Com o tempo, ele será capaz de largar o que quer que esteja interessado em fazer no jardim da frente e seguir para o quintal, onde estará seguro.

Existem muitos outros comandos que você pode ensinar a um Border Collie, mas este é um ponto de partida. Quando seu cachorro dominar um novo comando, passe para o próximo para manter as coisas interessantes - mas não se esqueça de continuar praticando os truques antigos. Você pode até criar uma rotina com as habilidades que seu cachorro aprendeu. Na verdade, Border Collies frequentemente participam de competições de dança *freestyle* porque aprendem esses truques tão rapidamente!

Se seu Border Collie não pegar rapidamente um truque, tente outro. Alguns Border Collies não gostam de rolar e expor a barriga sob comando, enquanto outros podem ter dificuldade para se equilibrar nas patas traseiras. Não fique frustrado se seu cachorro não for ótimo em um comando, porque ele pode ser incrível em outro diferente. Ao mesmo tempo, não desista muito cedo. Mantenha o adestramento divertido e positivo, e pratique com seu cachorro regularmente. Antes que você perceba, seu Border Collie vai estar roubando a cena querendo mostrar todos os seus truques legais!

CAPÍTULO 12
Lidando com Comportamentos Problemáticos

"O maior erro que você pode cometer durante os primeiros meses é permitir que o filhote escape ileso com comportamentos que você não vai querer mais tarde."

Maggie Pogue
M Bar M Cattle Dogs

Border Collies são cães incríveis, mas nem sempre são anjos perfeitos. Eventualmente, eles vão se comportar de uma maneira que você não vai gostar. Border Collies gostam de criar suas próprias regras e brincadeiras e podem desenvolver manias estranhas com o tempo. Isso pode ser especialmente evidente em um cão adotado, pois ele pode não ter vindo de um lar que lhe deu o adestramento necessário quando filhote. Se certos comportamentos indesejados continuarem, seu cão desenvolverá maus hábitos difíceis de quebrar. Por isso, é importante identificar esses comportamentos quando acontecem e responder imediatamente ao problema questão.

O que é Mau Comportamento?

Não existe uma lista definitiva do que é mau comportamento em um Border Collie - isso pode variar de casa para casa e de cão para cão. Por exemplo, se você mora no campo, talvez não se importe se seu cão late muito porque ninguém mais pode ouvi-lo. Por outro lado, se você mora em um bairro povoado, não é educado ter um cão latindo a todas as horas do dia. Ou se você não se importa que seu cão se aconchegue ao seu lado no sofá, não é grande coisa se ele pular nos móveis. Mas outro dono pode querer que seu cão fique no chão o tempo todo. Com alguns comportamentos, o que é considerado "ruim" é uma preferência pessoal.

Border Collies são capazes de ser destrutivos quando isso é divertido para eles. Cavar e roer são práticas comuns do Border Collie entediado. É seguro dizer que a maioria dos donos não quer que seu cão destrua sua propriedade. Comportamentos que causam danos à sua propriedade ou bens são claramente indesejados.

Talvez o mais importante seja ficar atento a maus comportamentos que possam causar danos a você, ao seu cão ou a outras pessoas. Se seu cão se torna agressivo com visitantes, não é seguro receber ninguém em sua casa se seu Border Collie não é confiável. Muitos Border Collies tentam perseguir carros ou fugir de seus humanos porque parece divertido. Isso pode colocar a vida do seu cão em grande perigo e precisa ser tratado imediatamente.

Depois de conviver com seu Border Collie por alguns meses, você começará a perceber se há comportamentos que não são propícios para um relacionamento feliz entre você e seu cão. Esperamos que você possa identificar essas peculiaridades e lidar com elas antes que piorem. Mas, como dono, você precisa decidir quais comportamentos serão permitidos e quais não serão tolerados.

Por que Meu Cão Está Agindo Assim?

Foto cortesia de Deborah Morris

Para corrigir comportamentos indesejados, você deve buscar a raiz do problema. Para Border Collies, muito do mau comportamento vem do fato de que eles estão entediados ou têm energia demais. Se seu cão está cavando buracos no quintal, pergunte a si mesmo se ele está recebendo exercício e atenção suficientes. Se você encontra livros rasgados em casa quando volta do trabalho, reconsidere a quantidade de exercício e estimulação mental que você dá ao seu cão ao longo do dia.

Alguns comportamentos são resultado do medo, geralmente decorrente de uma socialização inadequada. Se seu Border Collie rosna para outros cães no parque, descubra se há uma maneira de trabalhar lentamente nas habilidades de socialização do seu cão. Se ele está rosnando para estranhos, talvez tenha tido uma experiência ruim que o deixou desconfiado de pessoas que não conhece. Talvez você precise passar mais tempo ressocializando seu cão em um ambiente seguro.

Outros maus comportamentos são instintivos. Border Collies são conhecidos por morder tornozelos e perseguir carros porque seu cérebro de pastoreio lhes diz para fazer isso. Esses hábitos são difíceis de quebrar porque estão programados em seu cérebro. Mas ainda é possível readestrar seu cão através de condicionamento positivo.

Em resumo, você não pode esperar que seu cão pense da mesma maneira racional que um humano adulto. A frustração muitas vezes vem da falta de compreensão. Quando você vê problemas, pergunte a si mesmo por que seu cão pode estar fazendo essas coisas. Tente pensar como um cão e veja se consegue encontrar uma solução para o problema do seu cão. Um Border Collie quer agradar, mas seus medos e ideias estranhas às vezes podem ofuscar isso.

Muitas vezes, Border Collies são abandonados por seus donos anteriores porque estes não conseguiam lidar com seus comportamentos indesejados. Esses cães não são necessariamente ruins, mas sim incompreendidos, ou o dono não tinha o conhecimento ou a paciência para lidar com eles. Um bom dono de cão dedicará tempo para trabalhar com seu cão e amá-lo apesar de suas esquisitices.

Prevenção de Mau Comportamento

Para corrigir o mau comportamento do seu cão, você deve estar presente para testemunhá-lo e lidar com ele imediatamente. Como no treinamento para fazer as necessidades, você não pode corrigir seu cão depois que o evento ocorreu. Por exemplo, você não pode voltar para casa no final do dia e repreender seu cão por cavar um buraco no quintal. Mesmo se você levar seu cão até o buraco, ele não entenderá do que você está falando, já que sua memória não é capaz de vincular a escavação à sua raiva. Mas se você olhar pela janela e ver seu cão cavando loucamente, pode chamar atenção para o comportamento e interrompê-lo no momento.

Além de notar o comportamento travesso do seu cão, também é sensato praticar o bom comportamento com tanta frequência que seu cão não terá chance de aprender nada diferente. Quando você sai para passear, nunca deixe seu cão correr à frente ou puxar. Sempre pratique o comportamento adequado de caminhada para que eles nunca encontrem recompensa em fazer o que querem fazer.

Lembre-se de preparar seu cão para o sucesso. Se seu cão fica nervoso e puxa a guia em multidões, pratique os passeios em áreas mais tranquilas até que seu Border Collie esteja pronto para lugares com mais movimentação. Se seu cão não para de latir enquanto está no quintal, traga-o para dentro e feche as cortinas até que você tenha tempo para sair e brincar com ele. Se seu cão rói seus sapatos, mantenha-os fora de alcance e ofereça brinquedos apropriados para mastigar em áreas acessíveis. É frustrante quando seu cão está sendo travesso, mas você não pode esperar que ele aja como qualquer coisa além de um animal selvagem até que seja ensinado a se comportar adequadamente.

Como Corrigir Seu Cão

Como mencionado no capítulo sobre reforço, nunca é uma boa ideia punir seu cão, pois essa atitude só causará mais comportamentos negativos do seu cão. Mas isso não significa que você não possa corrigi-lo. As correções podem ser feitas de maneira gentil que não criará traumas no seu cão.

Primeiro, chame a atenção para o mau comportamento do seu cão. Você precisa ter um som específico, como um marcador, que permita que seu cão saiba que você não gosta do comportamento dele. Alguns batem palmas alto quando pegam um mau comportamento, enquanto outros gostam de sacudir uma lata cheia de pedrinhas. O que quer que você faça, você não está tentando assustar seu cão, mas chamar sua atenção. Assim que ele olhar para você, dê um firme "Não". Além disso, evite fazer qualquer coisa que eles possam interpretar como recompensa. Persegui-los pelo quintal depois que eles desenterraram seu jardim de flores é um jogo divertido para eles e, no final das contas, dará a eles um motivo para cavar novamente.

Em seguida, elogie o bom comportamento. Se seu cão está latindo sem parar, bata palmas para chamar sua atenção. No momento em que eles param e olham para você, elogie-os por ficarem quietos. Você pode dizer "Isso, sem latir!" e dar-lhes um petisco. Elogie seu cão quando o pegar se comportando bem. Isso reforça o comportamento adequado do seu cão e torna mais provável que ele busque uma recompensa por ser bom.

Corrigindo Maus Hábitos

Border Collies são mais propensos a certos maus comportamentos por causa de sua raça. Mas nem todos os Border Collies são iguais. Enquanto um pode não ter interesse em latir, outro latirá diretamente no rosto do dono. Os seguintes maus comportamentos e possíveis soluções não são uma lista abrangente de maus comportamentos que você pode ver em seu cão, mas podem ser mais comuns em Border Collies do que em outras raças.

Pular

Border Collies são cães amigáveis, e isso pode fazer com que seu cão pule nas pessoas quando quer amor e atenção. Embora você possa não se importar se seu cão pula em você, outras pessoas podem se importar. Um cão educado espera até que o humano o note e lhe dê um carinho. Um cão travesso pula nas pessoas, deixando marcas de patas enlameadas e arranhões em suas roupas.

Não recompense um cão que pula com atenção. Em vez disso, vire rapidamente as costas para um cão que pula. Vire-se e fique parado até que seu Border Collie espere pacientemente por atenção. Quando eles estiverem sentados, recompense-os por não pular. Se este é um problema comum para seu filhote, você pode ensiná-lo o comando "Desce". Quando ele colocar as patas em você, espere até que ele desça e diga "Desce" enquanto lhes dá um petisco.

Se seu cão é persistente com seus pulos, prenda a guia à coleira quando ele estiver em uma situação em que queira pular. Quando você vir o olhar em seus olhos que diz que está prestes a pular, pise na guia. Ele descobrirá que não tem para onde ir e não gosta da sensação de ser contido. Isso é considerado autocorreção e pode quebrar o hábito irritante do seu cão.

Fugir

Este é um pesadelo para um dono de cão. De alguma forma, seu cão se solta e sai em disparada. Quanto mais rápido você segue, mais rápido seu cão corre, pensando que está brincando com você. Só você sabe a quão perigosa é essa situação. Você pode tentar chamar seu cão, mas ele não está respondendo porque a recompensa de uma perseguição é melhor do que qualquer petisco que você esteja oferecendo. Então, o que você pode fazer para recuperar seu cão?

Foto cortesia de
Lynne Frater

Primeiro, pratique o comando "Vem" constantemente se você tem um cão que gosta de vagar. Pratique isso em todos os lugares diferentes. Você também pode comprar uma guia longa, com cerca de seis metros, para prática avançada. Faça seu cão ficar enquanto você caminha até o final da guia. Então, chame seu cão em sua direção. Se ele não vier, você sempre pode dar um puxão rápido na guia para lembrar a ele do que deve fazer. Pratique isso até que você possa confiar em seu cão ao ponto em que eles podem ficar sem guia.

Mas acidentes podem acontecer antes que seu cão tenha aperfeiçoado seu retorno. Tenha um plano B caso seu cão não atenda às suas chamadas para voltar. Se seu cão gosta de passeios de carro, uma boa maneira de pegá-lo é dirigir lentamente ao lado dele e abrir a porta para que ele pule para dentro. Seu cão pode achar que o passeio é mais gratificante do que a corrida e pular ao seu lado.

Se você está a pé, não tente correr atrás do seu cão. Seu Border Collie provavelmente é muito mais rápido que você e desaparecerá. Você pode ter mais sorte mudando de direção e correndo de volta para casa. Seu cão pode pensar que é hora de perseguir você, caso em que você pode correr de volta para seu quintal e fechar o portão. Outra estratégia que funciona com alguns cães é fingir que caiu no chão — o instinto curioso pode fazer com que ele volte para ver o que houve. Assim que tiver uma chance, segure com firmeza na coleira.

Perseguindo Carros

Há algo sobre um carro em alta velocidade que deve lembrar os Border Collies de gado, porque esta raça comumente persegue veículos. Além de ser irritante estar na outra ponta da guia quando um cão enlouquece, é extremamente perigoso. Para quebrar essa inclinação do seu cão, você deve ensiná-lo que andar ao seu lado é mais recompensador do que em perseguir carros.

O comando "Olhe para mim" é útil aqui. Enquanto você está caminhando, pode notar que seu cão entra na típica postura de agachamento de alerta do Border Collie ao ver um carro se aproximar. Faça o que puder para tirar a atenção do seu cão do carro e colocá-la em você. Se seu cão é domina o comando "Olhe para mim", ele desviará os olhos do carro e os colocará em você. Se você conseguir passar com sucesso pelo carro sem nenhum puxão na guia, dê ao seu cão petiscos gostosos e muitos elogios. Se seu cão ainda tem problemas para olhar para você quando um carro está nas proximidades, tente segurar um petisco na frente do focinho dele e puxá-lo em sua direção. Isso pode ser suficiente para quebrar seu olhar fixo.

Problemas de Caminhada

Perseguir carros é apenas uma situação que pode tornar os passeios um pesadelo. Border Collies são muito fortes e podem facilmente puxar você para frente. Se eles não estão perseguindo carros, estão se lançando em direção a esquilos e coelhos. Ou seu cão pode querer estar no comando do passeio e liderar o caminho em sua velocidade desejada.

Como mencionado antes, a melhor maneira de evitar esses maus hábitos é ensinar bons comportamentos de caminhada desde o primeiro dia. Mas você pode descobrir que seu cão adotado não foi adequadamente adestrado pelo dono anterior e é difícil nos passeios. Isso pode criar muita frustração se você não sabe como remediar a situação. Você pode ter que começar do zero e readestrar as habilidades de caminhada do seu cão. Comece praticando com a guia dentro de casa ou no quintal até que seu cão esteja acostumado a caminhar do seu lado. Depois, avance para um lugar familiar perto de casa com poucas distrações. Quando seu cão estiver caminhando melhor, você pode tentar voltar aos lugares onde costumava passear. Descubra o que desencadeia o mau comportamento do seu cão e tente evitar esses fatores até que as habilidades estejam dominadas. Então, lentamente, reintegre-os ao mundo.

Existem toneladas de coleiras e peitorais em pet shops para escolher, mas a coleira plana com fivela é a melhor. Peitorais com a guia presa nas costas tendem a incentivar o cão a puxar ainda mais, afinal, essa

Foto cortesia de
Toni Harvey

posição permite que ele use toda a força do corpo, como se estivesse puxando um trenó.. Se você optar por caminhar com uma peitoral, escolha uma com fixação da guia na frente, prefira as que têm a guia fixada na parte da frente do peito, o que ajuda a redirecionar o cão em vez de reforçar o impulso de puxar.

Coleiras de enforcamento não são apropriadas para esta raça. Se seu cão perseguir algo, pode ferir seriamente seu pescoço e traqueia porque a corrente pode colocar muita pressão contra sua garganta. Alguns adestradores usam a coleira de *prong* para fins de adestramento, mas elas são um tanto controversas. A coleira de prong tem pequenas garras de metal que tornam desconfortável para seu cão quando eles puxam muito forte contra a guia. Embora as garras não permitam que uma pressão extrema seja colocada no pescoço e na garganta, elas podem ser desconfortáveis para um cão que puxa muito forte. Por outro lado, esse tipo de autocorreção pode ser útil em cães teimosos porque eles aprendem a associar o mau comportamento ao desconforto. Mas se você usar esse método, também deve usar o reforço positivo junto com ele. Depois que seu cão se corrigir, você precisa dar elogios e petiscos ao seu cão. Esta coleira só deve ser usada em circunstâncias extremas onde seu cão é um perigo para si mesmo ou para outros por causa de seu puxão. Além disso, deve ser usada apenas para adestramento e apenas pelo tempo necessário. Idealmente, você voltará a usar a coleira plana.

Se você não tem certeza sobre qual peitoral ou coleira usar, converse com um adestrador ou um veterinário. Eles podem oferecer conselhos especificamente adaptados às necessidades do seu cão.

Quando Chamar um Profissional

Se você fez cursos de adestramento, então deve ter um adestrador de confiança que possa contatar com perguntas sobre seu cão. Um veterinário também pode ser útil para dar conselhos ou encaminhamentos para um especialista. Às vezes, condições não diagnosticadas podem até desencadear problemas comportamentais, então check-ups regulares podem ajudar a diagnosticar um problema. Quando se trata de problemas com seu cão, você deve resolvê-los o mais rápido possível.

Se você tentou tudo o que pode pensar e ainda não vê progresso em seu cão, encontre um profissional que possa ajudá-lo. Da mesma forma, se esse problema está gerando tanto estresse que você se sente constantemente frustrado com seu cão, então você precisa de ajuda imediatamente. Um problema comportamental pode prejudicar um bom relacionamento entre um cão e um dono ao ponto em que o dono desiste da esperança e entrega o cão a um abrigo.

Se você buscar ajuda prontamente, terá uma chance melhor de corrigir o mau comportamento antes que ele fique fora de controle. Entre seu conhecimento das peculiaridades específicas do seu Border Collie e a experiência e riqueza de conhecimento de um adestrador, você deve ser capaz de resolver rapidamente o problema e consertá-lo. Como resultado, você terá um relacionamento melhor com seu cão se não houver estresse desnecessário entre vocês.

Border Collies são muito divertidos de se ter como animais de estimação, mas exigem uma quantidade incrível de trabalho. Não só você tem que adestrá-los para se comportarem adequadamente, mas também tem que corrigir comportamentos que eles já têm! Isso pode ser muito frustrante, mas lembre-se de que existem muitos recursos disponíveis para você.

Prepare seu cão para o sucesso. Se seu cão tem medo de estranhos, não o empurre para uma grande multidão e espere que ele lide bem com isso. Comece devagar e vá progredindo. Pense como seu cão e nunca espere que eles saibam algo que não lhes foi ensinado. Você pode condicionar seu cão, mas não pode argumentar com ele. Finalmente, lembre-se de que o adestramento positivo é o melhor. Você pode corrigir seu cão e mostrar-lhe a maneira correta de se comportar, mas a punição pode ser prejudicial ao seu comportamento. Energia positiva e entusiasmo vão longe com um Border Collie.

CAPÍTULO 13
Viajando com Border Collies

Depois que você tiver seu Border Collie, vai querer levá-lo para todos os lugares e mostrá-lo ao mundo! No entanto, pode ser difícil levar seu Border Collie para todos os lugares que você vai. Alguns cães adoram passear de carro, enquanto outros ficam nervosos durante o trajeto. E quando você chegar ao seu destino, terá que se preocupar com o que fazer com seu cão energético e curioso em um lugar desconhecido. Como em tudo relacionado ao seu Border Collie, você vai querer se preparar para tornar sua jornada o mais tranquila possível.

Caixas de Transporte e Cintos de Segurança

Foto cortesia de Lora Raycroft

Se seu Border Collie está acostumado com a caixa de transporte, então as viagens de carro ficam mais fáceis. Simplesmente coloque seu cão na caixa com um cobertor confortável e um brinquedo, prenda a caixa no carro e pronto. A caixa é uma maneira segura de transportar seu cão porque ele não vai distraí-lo enquanto você estiver dirigindo e estará protegido em caso de acidente. Se você treinou seu cão com sucesso para usar a caixa, ele provavelmente se sente seguro e protegido dentro dela e tem menos chances de ficar nervoso em viagens longas.

Se você optar por não usar a caixa de transporte com seu Border Collie, um cinto de segurança é necessário. Existem diferentes modelos de cintos de segurança para cães disponíveis nas lojas, então escolha um que funcione melhor para seu cão. Esses dispositivos geralmente se encaixam nos cintos de segurança existentes e mantêm seu cão no lugar. Ao usar cintos que se prendem a uma coleira ou peitoral, escolha um peitoral que não sufoque seu cão em caso de acidente. O mais importante é evitar que ele seja arremessado para fora do carro, mas também é vital minimizar quaisquer outros ferimentos em caso de colisão.

Preparando-se para Viagens de Carro

Com sorte, seu cão ficará mais do que feliz em pular no carro e dar um passeio. Para alguns cães, uma viagem de carro é uma experiência estranha e assustadora. Além disso, se seu cão já foi levado a algum lugar assustador como o veterinário, ele pode associar o passeio com o destino assustador. Idealmente, você vai querer chegar ao ponto em que seu cão esteja calmo e feliz no seu carro. Caso contrário, isso pode causar muito estresse desnecessário quando você precisar levar seu cão a algum lugar. Para treinar seu Border Collie a gostar de passeios de carro, comece devagar, seja paciente e dê muitos petiscos.

Para começar, deixe seu cão farejar ao redor do seu carro. Border Collies são cães curiosos, então eles vão querer investigar um objeto novo antes de colocá-los diretamente dentro. Abra a porta e deixe-os espiar dentro. Depois, tente jogar um petisco dentro do banco traseiro e veja se eles vão atrás. Se não, você pode tentar colocá-los para dentro do carro e dar um petisco quando estiverem quietos.

Quando seu cão estiver confortável com o conceito de carro, é hora de começar a se movimentar. Comece com uma volta curta pelo quarteirão. Se seu cão estiver calmo, dê elogios e recompensas. Fale com seu cão em tons suaves e tranquilizadores. À medida que seu cão fica mais confortável, aumente a distância que você dirige.

Se seu cão estiver extremamente nervoso e não há nada que você possa fazer para acalmá-lo, converse com um veterinário. Não é bom dar sedativos ao seu cão regularmente, mas medicação para uma rara viagem de carro pode ajudar seu cão. Da mesma forma, se ele fica enjoado no carro, veja se seu veterinário pode fornecer um remédio para ajudar com o enjoo do seu cão.

Viagens de Avião e Estadias em Hotéis

Embora você possa querer levar seu Border Collie para onde quer que vá, considere seriamente a importância da presença dele quando viagens aéreas forem necessárias. Border Collies são cães grandes, e muitas companhias aéreas não permitirão que eles viajem na cabine. Em vez disso, eles viajarão no compartimento de carga, o que pode ser aterrorizante para um cão. Cães sensíveis, como os Border Collies, ficarão assustados com os barulhos altos, pessoas estranhas jogando sua caixa de um lado para outro e sensações estranhas. Mudanças na temperatura e pressão atmosférica podem ocorrer, e ambas podem ser prejudiciais à saúde do seu cão.

Se você já se preocupou com a companhia aérea perder sua bagagem despachada, imagine o que aconteceria se seu cão se perdesse. Além disso, é uma realidade infeliz que alguns cães sofrem problemas de saúde devido ao voo e não sobrevivem à viagem. Mesmo na cabine, um voo pode ser aterrorizante para um cão sensível. Antes de voar com seu Border Collie, pense em todas as opções. Infelizmente, as viagens aéreas nem sempre acomodam nossos amigos peludos. Mas se você não tiver outra opção além de voar, certifique-se de que seu cão tenha comida e água na caixa de transporte, suas informações de contato estejam tanto no cão quanto na caixa, e você tenha as informações de contato corretas da companhia aérea caso seu cão se perca.

Quando você chegar ao seu destino, provavelmente ficará em um lugar desconhecido. Alguns cães vão gostar da oportunidade de farejar os novos cheiros, mas alguns acharão difícil relaxar. Tente trazer cobertores e brinquedos familiares para manter seu cão ocupado e confortável. Se você precisar deixar seu cão sozinho em um quarto de hotel, tente fazer com que seu tempo fora seja o mais curto possível. Você não quer que seu cão pense que você o abandonou em um lugar estranho, ou você voltará para um quarto de hotel destruído. Além disso, se seu cão está acostumado com a caixa de transporte, você pode mantê-lo na caixa por curtos períodos de tempo enquanto estiver fora, apenas para que ele se sinta seguro. Quando você voltar, faça uma longa caminhada ou visite um parque para cães para queimar o excesso de energia. Caso contrário, você pode receber reclamações sobre um cão inquieto causando estragos em um quarto de hotel.

Hotéis para Cães e Pet Sitters

Hotelzinho para cães e pet sitters (babás de cachorro) são boas opções quando você vai ficar fora da cidade por um tempo e não quer estressar seu cão com uma viagem. Se você conhece bem seu cão, provavelmente já sabe qual será a melhor opção para ele. Embora os preços possam variar, você sabe o que criará a menor quantidade de estresse no seu cão único.

Hoteizinhos são geralmente lugares seguros para eles ficarem enquanto seus donos estão fora. Esses estabelecimentos dão ao seu cão

Foto cortesia de
Elizabeth Windle

Foto cortesia de Craig Groves

seu próprio espaço individual, permitindo também que eles socializem com outros cães. Esta pode ser a melhor opção se seu cão adora brincar com outros cachorros e não se incomoda com barulho extra. Esta pode não ser uma opção se seu cão não é bem socializado com outros cães e tem fobias de barulho. O latido constante pode assustar seu amigo, e sem você para resgatá-lo, os outros cães podem intimidá-lo demais.

Mas se seu cão adora brincar com outros, esta pode ser uma boa maneira para ele obter o exercício e a atenção que ele precisa. Seu companheiro estará tão ocupado brincando com os outros que esquecerá que você saiu.

Os hotéis para cães variam de lugar para lugar, então é necessário garantir que você tenha um bom antes de enviar seu cão para lá por um período prolongado. Reúna-se com um funcionário e faça um tour pelas instalações. O prédio está limpo? Há bastante espaço para seu cão passear? Os funcionários são atenciosos e amigáveis? Um bom hotel para cães ficará feliz em responder a qualquer pergunta que você tenha.

Outro benefício de levar seu cão a um hotelzinho é que sempre há alguém lá para ficar de olho nele. Você não precisa se preocupar se seu cão está entediado, destruindo sua propriedade ou chorando para ir ao banheiro. Você não precisa se preocupar com seu cão estar do lado de fora em condições climáticas adversas ou preso dentro de casa o dia todo. E, se você encontrou um hotel para cães de boa qualidade, saberá que seu cão está se divertindo e recebendo toda a atenção que precisa.

Antes de deixar seu Border Collie, pergunte se você pode levá-lo para farejar o local. Com você ao lado dele, ele se sentirá seguro enquanto se acostuma com todos os novos sons e cheiros. Dessa forma, ele não entrará em pânico quando você o deixar no início de uma longa estadia.

Mas hotéis para cães não são a melhor opção para todos os cães. Cães que não se dão bem com outros e cães com muitos medos podem não se sair bem em um hotel para cães. Se isso descreve seu Border Collie, você vai querer encontrar um *pet sitter* durante a sua viagem. Esta é uma pessoa que você contrata para passar algumas vezes durante o dia para verificar seu cão. Esse trabalho geralmente cabe a um vizinho, parente ou amigo, mas também existem *pet sitters* profissionais que ganham a vida cuidando dos animais de estimação de outras pessoas.

Talvez a coisa mais importante que você precisa em um *pet sitter* seja alguém que tenha experiência com Border Collies. Como você provavelmente descobriu, Border Collies são cães únicos que têm requisitos especiais. Eles podem passar de relaxados a correr voltas pelo quintal em

Foto cortesia de
Adele Sanderson

um instante. Uma visita rápida para deixar seu cão sair algumas vezes por dia não será interação suficiente para ele.

Se seu cão precisa de muita atenção, você pode tentar fazer um acordo onde seu cão fique com o *pet sitter*. Desta forma, é mais provável que ele receba os carinhos que precisa para ser feliz. No entanto, se seu cão fica nervoso em lugares novos, você pode querer que o *pet sitter* vá até seu cão. Se este for o caso, você pode contratar um passeador de cães além da pessoa que está verificando seu cão.

Ao decidir o que fazer com seu Border Collie enquanto você estiver fora, tenha em mente a personalidade do seu cão. Depois de tomar sua decisão, deixe ele visitar o local onde ficará e as pessoas com quem vai interagir. Faça isso antes de sair para não surpreender seu cão inteligente.

Foto cortesia de Phil Leicht

Dicas para Viajar com Border Collies

Se você decidir levar seu Border Collie com você em suas viagens, existem algumas coisas que podem tornar seu trajeto mais fácil, seja você indo para o outro lado do país ou apenas para o outro lado da cidade.

Ao dirigir longas distâncias, pare com frequência para dar ao seu cão tempo para esticar as pernas. Áreas de descanso podem funcionar para alguns cães, mas tenha em mente que se seu Border Collie é um perseguidor de carros, a visão de carros passando pela rodovia pode ser uma distração. Se você tiver a chance, tente parar em uma cidade com um parque para cães no caminho para dar ao seu cão um pouco de exercício. Desta forma, é mais provável que seu cão durma o resto da viagem e tenha menos energia ansiosa.

Se você fizer uma lista de verificação para si mesmo, faça uma para seu cão para garantir que você não esteja voltando para buscar algo que esqueceu. É útil ter uma bolsa ou cesta designada para os itens essenciais de viagem do seu Border Collie. Tigelas, ração, petiscos, coleiras e guias, e uma variedade de brinquedos são todos itens necessários para uma viagem curta. Também é útil manter um suprimento de água no seu carro caso não tenha um lugar para encher uma tigela no caminho.

Embora seu cão deva ter identificação no corpo o tempo todo, isso é especialmente crucial quando você está longe de casa. Nem sempre é lógico, mas quando os cães ficam assustados, eles geralmente correm o mais longe possível. Não é preciso muito para um Border Collie sensível se assustar ou se envolver em uma perseguição. Se seu cão se perder, pode ser a única coisa que ajudará a reunir vocês.

Finalmente, lembre-se de dar ao seu cão um pouco mais de exercício do que o habitual enquanto estiver viajando, se possível. Um cão cansado será muito mais fácil de gerenciar do que um Border Collie energético ou ansioso. Você pode ter que fazer algumas paradas extras ou acomodações adicionais para que isso aconteça, mas será extremamente útil ter seu Border Collie em bem-comportado.

Viajar com seu Border Collie não precisa ser estressante. Prepare seu cão para quaisquer novas experiências, planeje com antecedência e mantenha seu cão ativo para obter melhores resultados. Pode levar tempo antes que você esteja pronto para viajar com seu Border Collie (ou deixá-lo para trás), mas com uma preparação cuidadosa, todos estarão à vontade quando sua viagem chegar.

CAPÍTULO 14
Nutrição

"Divirta-se com seu cachorro! Border collies são uma raça extraordinária e têm muito amor para oferecer. Nem todo cachorro é perfeito e eles não serão todos iguais. Ame o cachorro que você tem, não aquele que você imaginou!"

Josie Casebere
https://borderlinekennels.wixsite.com/mysite

Assim como nos humanos, os cães precisam de uma combinação saudável dos nutrientes certos para se sentirem bem e terem bastante energia. No entanto, os caninos têm necessidades específicas que precisam ser atendidas. Essas necessidades nutricionais podem variar de raça para raça, então qualquer ração não serve. Uma alimentação saudável pode manter seu cachorro se sentindo bem agora e também construir uma base de boa saúde que permitirá que ele se mantenha saudável na velhice. Este capítulo abordará o que seu Border Collie precisa comer e o que ele não deve comer.

Os Border Collies são mais felizes quando podem trabalhar e brincar. Uma dieta que não sustenta seus exercícios os deixará se sentindo sem energia. Além disso, se seu cachorro estiver consumindo calorias demais, ele vai ganhar muito peso, o que pode ser prejudicial para seu corpo. E os Border Collies têm certos problemas de saúde que podem ser prevenidos com os nutrientes adequados. Em resumo, a saúde geral do seu cachorro vem de uma boa alimentação.

O que os Border Collies Precisam em uma Ração?

Muitas vezes, os humanos projetam suas próprias preocupações alimentares em seus cães, temendo ingredientes como carboidratos e gorduras por causa das tendências de dieta humana. Se você se pegar preocupado com os ingredientes no rótulo de uma ração, lembre-se que os cães são uma espécie completamente diferente. Embora nossos cães sejam diferentes de seus ancestrais caninos, eles comiam animais inteiros, incluindo gordura e órgãos. Restringir certos nutrientes eliminando

Foto cortesia de
Elizabeth Windle

determinados alimentos pode levar a deficiências nutricionais no seu cachorro. Em caso de dúvida, converse com seu veterinário.

Os três principais grupos de nutrientes que você encontrará em uma ração são carboidratos, proteínas e gorduras. Em geral, raças pequenas precisam de uma alimentação com mais proteína, e cães maiores precisam de mais carboidratos. Mas, dependendo de quão ativo seu Border Collie é, um pouco mais de proteína e gordura pode ser benéfico quando se trata de energia duradoura e reconstrução muscular. Uma ração que contenha cerca de 25-30% de proteína deve funcionar muito bem para seu Border Collie.

Quando se trata de proteína, fontes variadas geralmente são melhores. Diferentes carnes têm diferentes nutrientes, então quando você as combina, isso proporciona uma gama mais ampla de nutrientes que seu cachorro precisa para ser saudável. O frango é provavelmente a carne mais comum encontrada em rações. Mas, carnes vermelhas contêm ferro, que ajuda na saúde do sangue. Além disso, o peixe é ótimo para cães porque tem gorduras boas que manterão o pelo do seu cachorro macio e sedoso. Como bônus adicional, as rações com peixe geralmente têm um cheiro forte, tornando-as absolutamente irresistíveis para um cachorro!

Quanto aos carboidratos, nem todos são iguais. Carboidratos simples darão ao seu cachorro muita energia rápida, mas o deixarão cansado e sem disposição depois. Carboidratos complexos fornecem energia duradoura e podem ajudar seu cachorro a se sentir saciado por mais tempo, mas a fibra adicional é mais difícil de digerir para alguns cães. Procure rações com uma combinação de carboidratos simples e complexos. Por exemplo, arroz, aveia e cevada podem ser relativamente fáceis de digerir, mas também fornecem uma mistura de energia de liberação rápida e lenta.

Alguns cães têm dificuldade para digerir certos alimentos ou têm alergias. Por isso, muitas rações se orgulham de não conter milho, trigo ou soja — três ingredientes que supostamente causam problemas estomacais em cães. Embora isso possa ser verdade para alguns cães, certamente não é uma característica universal. Se você notar que seu cachorro tem desconforto estomacal, gases excessivos ou diarreia, isso pode ser um sinal de que a ração não está de acordo com o sistema digestivo dele, e às vezes, esses grãos podem ser a causa. Felizmente, existem toneladas de rações que usam fórmulas "sem grãos" se isso for necessário para seu amigo.

As gorduras são uma parte importante da dieta de um cão, e você não deve temer que elas façam seu cachorro ganhar peso extra. Gorduras e óleos contêm muita energia que pode alimentar um Border Collie ativo. Esses também são os nutrientes que mantêm o pelo do seu cachorro sedoso e brilhante e a pele saudável. Algumas gorduras podem ser melhores para seu cachorro do que outras. Os ácidos graxos ômega são encontrados em peixes e várias fontes vegetais e são ótimos para a saúde e bem-estar geral do seu cachorro. Eles são excelentes para a pele e pelo, mas também são benéficos para a saúde cerebral, o que é vital para seu inteligente Border Collie. Muitas rações contêm peixe, óleo de peixe, linhaça ou chia por esse motivo. E, embora possa parecer estranho que ingredientes como gordura de frango estejam listados em algumas rações, isso é uma parte perfeitamente normal da dieta de um cão. Embora o excesso de gordura possa ser prejudicial para o corpo, quantidades adequadas são necessárias para apoiar funções saudáveis no seu cachorro.

Se você alimenta seu cachorro com uma ração comercial, provavelmente não precisa se preocupar com ele receber todos os nutrientes necessários, porque a maioria das empresas faz um bom trabalho incluindo todos os nutrientes essenciais. As empresas de ração adicionam diferentes ingredientes que basicamente equivalem a um comprimido multivitamínico diário para seu cachorro. Por exemplo, seu cachorro pode não estar obtendo sua vitamina C de frutas, como um humano faria, mas ela é adicionada como ácido ascórbico. A menos que seu cachorro tenha deficiências nutricionais diagnosticadas por um veterinário, uma ração comercial deve atender às necessidades dele.

Algumas rações contêm frutas e vegetais de verdade, o que pode ser ainda melhor do que a mistura de vitaminas e minerais que a maioria das rações inclui. Frutas e vegetais inteiros contêm nutrientes que ajudam o corpo a absorver vitaminas e minerais essenciais e também contêm antioxidantes, que promovem a boa saúde do seu cachorro.

Foto cortesia de William Post

Os Border Collies ocasionalmente sofrem de problemas nas articulações, então pode ser uma boa ideia garantir que a ração do seu cachorro inclua nutrientes para ajudar nisso. A glucosamina é um composto que pode aumentar a mobilidade e diminuir a dor nas articulações de um cão mais velho. E quando dada a um cão saudável em quantidades moderadas, pode até prevenir problemas articulares futuros. Como os Border Collies são tão ativos e sentem tanta alegria com o movimento constante, suas articulações precisam se manter saudáveis. A glucosamina é frequentemente adicionada em rações para cães grandes como suplemento, mas você também pode vê-la em ingredientes como cartilagem de frango. É mais um daqueles ingredientes que parecem nojentos, mas a cartilagem animal na dieta pode melhorar a saúde das articulações do seu cachorro.

Como Escolho uma Ração?

Visitar um pet shop pode ser uma experiência confusa quando você se depara com prateleiras e mais prateleiras cheias de diferentes tipos de ração. Se você não souber exatamente o que está procurando, pode se sentir sobrecarregado com tantas opções. Mas não se preocupe, esta seção vai te ajudar a entender melhor o que observar na hora de escolher a ração ideal para o seu Border Collie.

Primeiro, você notará que a ração vem em variedades úmidas e secas. Embora seu cachorro possa ficar mais atraído pela ração úmida porque a umidade produz mais aroma, a seca é melhor para a maioria dos cães. As exceções incluem se seu cachorro for tão exigente que não tocará na ração seca ou se problemas bucais impedirem seu cachorro de comer alimentos crocantes.

A ração seca é boa para os cães porque raspa a placa dentária enquanto seu cachorro mastiga, enquanto a ração úmida gruda nos dentes e pode levar à deterioração. Como bônus adicional, é mais fácil comprar ração seca em grandes quantidades, ajudando nas suas despesas mensais com o pet.

Em seguida, você precisará levar em conta a fase de vida do seu cachorro. As fórmulas para filhotes são feitas com um equilíbrio especial de nutrientes para manter seu filhote energizado e dar a ele o que precisa para crescer e se tornar um adulto saudável. Essas fórmulas geralmente são feitas em pequenos pedaços de ração para caber na boquinha do seu filhote. Embora você possa não notar efeitos prejudiciais se alimentar seu filhote com uma ração para adultos, complicações podem ocorrer em alguns cães. Por exemplo, as quantidades aumentadas de cálcio na ração para adultos podem fazer com que um filhote cresça muito rapidamente, levando a problemas esqueléticos. Em caso de dúvida, opte pela ração para filhotes, a menos que seu veterinário diga que a ração para adultos seria adequada para seu Border Collie. Em uma casa com vários cães, pode ser difícil oferecer mais de um tipo de ração para seus pets, então verifique com seu veterinário antes de alimentar todos os seus cães com a mesma ração.

Você também notará que existem muitos preços diferentes para rações. Algumas são bastante baratas, enquanto outras parecem absolutamente inacessíveis. A diferença de preço geralmente se deve à qualidade dos ingredientes. Rações baratas têm muitos grãos "de enchimento", como milho, trigo e soja, que não combinam com alguns cães e podem não fornecer energia duradoura. Essas rações também contêm subprodutos animais, que alguns proprietários não gostam de ver na ração do seu cachorro. Embora essas carnes geralmente sejam os restos que não são adequados para consumo humano, elas não são terríveis para seu cachorro.

As rações premium e super premium costumam ter grãos integrais, carnes inteiras e frutas e vegetais. Nutricionalmente, esses alimentos podem ser um pouco mais saudáveis e apetitosos para seu cachorro. No entanto, um preço alto não é acessível para todos os donos de cães, especialmente quando seu Border Collie em crescimento devora várias porções por dia. Uma ração com preço intermediário deve ser boa o suficiente para a maioria dos cães. Essas rações contêm bons ingredientes para manter seu cachorro saudável sem pesar no seu bolso. Se você não tem certeza de qual marca alimentar seu Border Collie, peça recomendações ao criador ou a um veterinário. Além disso, não se esqueça de pedir a opinião do seu cachorro. Alguns cães são exigentes com certos sabores. Tente conseguir amostras de ração em pet shops ou empresas de ração para encontrar a que seu cachorro mais gosta.

Quanta Ração Meu Cachorro Precisa?

As necessidades calóricas do seu cachorro podem ser calculadas usando seu peso, idade e nível de atividade. Como os Border Collies geralmente são mais ativos do que a maioria dos cães, você vai descobrir que eles precisam de um pouco mais de comida para manter um peso saudável. A idade também é importante para levar em consideração. Um filhote precisará de mais comida em relação ao seu peso porque são necessárias muitas calorias para crescer e se tornar um cão adulto. Da mesma forma, um cão velho não precisará de tantas calorias quanto um adulto jovem.

A melhor maneira de descobrir quanta ração dar ao seu cachorro é usar o peso dele. Cada ração tem uma contagem de calorias diferente, então cada pacote contém uma tabela para combinar o peso do seu cachorro com a quantidade de ração que ele deve comer por dia. Depois de um tempo, você será capaz de perceber se seu cachorro está mantendo seu peso saudável, ou se está ganhando ou perdendo peso. A partir daí, adicione ou subtraia a quantidade de ração que você está dando diariamente para ajudar o peso dele a se manter no caminho certo.

Comida de Gente

Pode ser muito tentador dar ao seu adorável Border Collie restos da mesa, especialmente quando eles olham para você com aqueles olhões e choramingam, mas você deve ter cuidado com a forma como faz isso. Alguns alimentos humanos podem causar sérios problemas de saúde em cães. Por exemplo, você pode saber que cebolas podem ser mortais para cães, mas pode esquecer que cozinhou algo usando cebolas para dar sabor e, sem lembrar disso, deu ao seu cachorro. Ou você pode dar ao seu Border Collie as aparas de gordura do seu bife, mas não leva em conta a gordura que ele já está recebendo na dieta e dá mais do que o sistema digestivo dele pode suportar.

Dar ou não comida de gente para seu cãozinho é uma daquelas regras domésticas que você deve decidir nos primeiros dias com seu novo Border Collie. Mesmo que você dê ao seu cachorro alimentos saudáveis, fazê-lo da maneira errada pode levar a comportamentos ruins de mendicância que vão deixá-lo maluco. Aquela vez em que você "só deu um pedacinho escondido" pode virar um hábito difícil de reverter. Para muitos donos, é mais fácil simplesmente proibir toda comida de gente da dieta do seu cachorro.

Mas há alguns casos em que você pode querer incorporar alguns dos seus alimentos na dieta do seu cachorro. Alguns donos não gostam de rações comerciais e optam por fazer as suas próprias. Com a orientação de um veterinário, esta é uma maneira perfeitamente aceitável de alimentar seu cachorro. Vai exigir muito tempo e dinheiro extras, mas você pode preparar sua própria ração em casa para saber exatamente o que tem nela.

Você também pode usar comida de gente como petiscos de treinamento. A variedade é importante quando se trata de petiscos de treinamento. Se seu cachorro ficar entediado com os mesmos petiscos comprados na loja, ele pode ficar menos inclinado a obedecer. Mas se você oferecer um petisco saboroso e saudável, como bananas ou batata-doce cozida no vapor, seu cachorro pode ficar mais motivado para trabalhar. Seu Border Collie pode gostar de frutas e vegetais, mas certifique-se de que sejam adequados para ele antes de servir. Cebolas, uvas e abacates são alguns itens que podem deixar seu cachorro muito doente. No entanto, frutas vermelhas, folhas verdes e cenouras ou batatas-doce cozidas no vapor são baixas em calorias, cheias de nutrientes e já são encontradas em muitas rações.

Se você alimenta seu cachorro com sua comida, certifique-se de fazê-lo de uma maneira que eles não associem suas refeições com a recompensa deles. Coloque a comida na tigela dele, em um momento separado de quando você for comer, de preferência antes ou depois. Nunca entregue comida diretamente da mesa. Além disso, tenha cuidado com o que está dando ao seu cachorro e quanto está dando. Uma pequena porção de um alimento saudável pode ser uma boa maneira de tratar seu cachorro, mas muito de uma coisa ruim pode deixá-lo muito doente. Em caso de dúvida, fique com a ração e os petiscos para cães.

Alimentar seu cachorro pode parecer complicado quando há tantas rações para escolher, mas uma vez que você encontra uma boa, provavelmente não terá que se preocupar com isso novamente. Procure rações que contenham uma variedade de bons ingredientes e uma ampla gama de nutrientes. Alimente seu cachorro com a quantidade sugerida e faça ajustes conforme necessário para que ele não fique desnutrido ou com sobrepeso. E quando se trata de dar comida de gente ao seu cachorro, tenha cuidado. Os Border Collies têm personalidade forte, e se você der a eles um gostinho de algo especial, eles vão implorar por mais!

CAPÍTULO 15
Cuidando da Pelagem do seu Border Collie

"Eles trocam de pelo aproximadamente duas vezes por ano e há bastante queda durante esse período. Banhos semanais/quinzenais reduzem a quantidade de pelos soltos pela casa."

Maggie Pogue
M Bar M Cattle Dogs

Os Border Collies são cães lindos, e você vai querer que o seu esteja sempre com boa aparência. Felizmente, os Border Collies são uma raça que exige relativamente pouca manutenção quando se trata de cuidados com a pelagem. Nem o tipo de pelo liso nem o de pelo áspero vão precisar de visitas regulares ao pet shop para tosa, o que vai economizar bastante dinheiro a longo prazo! No entanto, isso não significa que seu Border Collie não precise de alguns cuidados para ficar com a melhor aparência possível — mas você pode fazer isso em casa com algumas ferramentas especiais.

A Pelagem

Os Border Collies podem ter dois tipos principais de pelagem: curta e lisa ou longa e áspera. Em termos de facilidade de cuidados, o tipo de pelo liso é super simples de cuidar. Seu pelo curto não embaraça facilmente, então com algumas escovadas para remover a subcamada que está caindo, seu cão ficará em boas condições. Se esse cão ficar sujo, a limpeza pode exigir apenas uma rápida passada de pano. É por isso que muitos Border Collies de pelo liso trabalham nos campos. Sua pelagem não fica facilmente presa em galhos e é simples de cuidar.

O Border Collie de pelo áspero tem pelos longos e fluidos. Se essa pelagem não for escovada com frequência, nós e emaranhados se desenvolverão. Para esse tipo de pelo, você pode precisar de alguns tipos diferentes de pentes e escovas para evitar que a subcamada fique emaranhada ou que a camada superior fique sem brilho e embaraçada.

Foto cortesia de
Jo Hicks

Para qualquer tipo de Border Collie, uma escova de pinos básica é um bom começo. Ela se parece com uma escova de cabelo humano comum. Muitas dessas escovas são de dupla face, com um lado tendo pinos de metal para desembaraçar e o outro lado tendo cerdas naturais ou artificiais para alisar o pelo e redistribuir os óleos para dar brilho.

Com o tipo de pelo longo, você pode perceber que essa escova só desembaraça os pelos da camada superior. Especialmente no verão, quando seu cão começa a perder o pelo de inverno, uma rasqueadeira pode ser útil para remover o excesso de pelo. Essas escovas têm pinos longos e estreitos que alcançam profundamente a subcamada para remover o excesso de pelos. Se seu cão desenvolveu nós, existem pentes para desembaraçar que podem afinar os pelos emaranhados sem arrancá-los e incomodar seu cão.

Se você se deparar com uma situação em que os emaranhados e nós do seu cão estão fora de controle, talvez seja necessário usar uma tesoura no nó. Se você tem um cão agitado, tesouras infantis com pontas arredondadas podem ser a melhor opção. Corte cuidadosamente os pelos que não podem ser desembaraçados. Qualquer corte excessivo na pelagem do seu Border Collie o deixará se sentindo exposto e com aparência estranha.

Hora do Banho

Seu Border Collie curioso certamente vai acabar se espalhando em poças de lama ou rolando em coisas nojentas eventualmente. Quando isso acontecer, você precisará dar banho no seu cão. Infelizmente, nem todos os Border Collies gostam de água, então a hora do banho pode ser difícil. Ao ensinar seu filhote a tolerar o banho, use muitos elogios e petiscos para tentar fazer com que seu cão associe banhos a coisas boas, em vez das sensações e sons estranhos associados ao banho. Como os Border Collies podem ser muito teimosos e fortes, pode ser um desafio manter um na banheira se ele não quiser estar lá.

Se você tiver um chuveirinho removível, isso pode facilitar bastante o banho, permitindo molhar a pelagem de forma suave e controlada. Em alternativa, um copo d'água e uma bacia rasa funcionam, mas a mangueira do chuveiro pode acelerar o processo. Se seu cão tiver dificuldade para ficar parado, você pode tentar espalhar uma colher de sopa ou mais de pasta de amendoim na parede (limpa) do seu box. Isso dará algo saboroso para eles lamberem enquanto você trabalha, mantendo-os distraídos e calmos por alguns minutos.

Como os Border Collies às vezes podem ser suscetíveis a alergias de pele, é uma boa ideia usar um shampoo suave. Uma fórmula destinada a peles secas ou sensíveis funciona bem para a maioria dos Border Collies. Depois de esfregar seu cão, certifique-se de enxaguar muito bem. O acúmulo de sabão pode causar pele seca e com coceira, além

Foto cortesia de Lori Steele

de uma pelagem sem brilho. Além disso, tente dar banho no seu cão o mínimo possível. Um banho a cada dois meses não causará muito dano aos óleos da pele e da pelagem, mas um banho semanal pode ressecar a pele sensível.

Além disso, tenha cuidado especial para não deixar água entrar nos olhos ou ouvidos do seu cão. Em vez de enxaguar o rosto dele com água corrente, use uma toalha para limpar suavemente ao redor das áreas sensíveis. Se a água ficar presa na orelha, a umidade pode criar um ambiente propício para infecções. Além disso, uma experiência desconfortável pode criar uma aversão ao banho em geral para um cão inteligente como o Border Collie.

Depois que seu cão sair da banheira, seque-o com uma toalha e permita que ele se sacuda um pouco para tirar o excesso de água. Espere até que a pelagem esteja seca antes de escová-lo, pois pelos longos podem ficar emaranhados e quebrar quando estão molhados.

Cortando as Unhas

Muitos cães não gostam de ter suas unhas aparadas, mas ainda é necessário. Unhas aparadas não só evitarão que seu cão arranhe você ou seus móveis, mas também prevenirá dores para eles mais tarde. Quando unhas longas penetram no solo duro, podem causar estresse nas patas. Com o tempo, andar com unhas longas pode criar muita dor e danos às patas. Levar seu cão para caminhar em concreto pode naturalmente desgastar as unhas, mas quando você ouvir o clique em uma superfície dura, é hora de aparar. Isso pode ser feito por um tosador, mas é muito mais barato fazer em casa por conta própria.

O segredo é condicionar positivamente seu cão para associar o corte de unhas a experiências boas, caso contrário, seu Border Collie terá dificuldade para ficar parado. Antes de cortar uma unha, pratique segurar a pata do seu cão sem que ele a puxe de volta. Quando seu cão estiver confortável com alguém tocando seus pés e unhas, você pode começar a aparar.

Comece cortando apenas as pontas. Se você cortar muito de uma vez, corre o risco de cortar a parte viva da unha (conhecida como sabugo), ou o suprimento de sangue para a unha. Isso é muito doloroso e fará com que seu cão sangre bastante. Consequentemente, seu Border Collie lembrará dessa dor e nunca mais permitirá que alguém corte suas unhas. Se seu cão tem unhas claras, é fácil ver a parte viva rosada na unha. Mas se você estiver preocupado em cortar demais, alguns cortadores de unhas para cães têm uma proteção de segurança que impedirá que você retire muito.

Quando terminar, dê ao seu Border Collie um petisco por tolerar o corte. Se você achar que seu cão está muito inquieto quando você começa a cortar as unhas, apare uma pata e dê um intervalo ao seu cão antes de fazer outra. Em muitos casos, dividir o processo em sessões curtas pode reduzir a resistência e tornar o momento menos estressante para vocês dois.

Escovando os Dentes

Escovar os dentes do seu cão não é apenas necessário para dentes brancos e bom hálito. Doenças nos dentes e gengivas podem tornar a alimentação extremamente dolorosa para seu cão, especialmente na velhice. Doenças dos dentes e gengivas também podem fazer com que bactérias se espalhem para outras partes do corpo, incluindo o coração. Portanto, a escovação regular pode potencialmente prolongar a vida do seu cão.

Você precisará de uma escova de dentes pequena ou uma escova de cerdas de borracha que possa deslizar sobre seu dedo. Enquanto as cerdas regulares podem esfregar mais placa dos dentes do seu cão, as cerdas de borracha são mais macias para gengivas sensíveis que sangram. Também é essencial usar uma pasta de dentes específica para cães. A pasta de dentes humana não funcionará porque ela espuma e contém flúor. Basicamente, você não pode usar pasta de dentes que precise ser cuspida. Pet shops vendem várias variedades de pasta de dentes em diversos sabores, como frango, carne e pasta de amendoim.

Antes de começar a escovar, pratique puxando as gengivas do seu cão para trás e tocando levemente seus dentes. Isso também é bom para preparar seu cão para o veterinário. Quando seu cão se sentir confortável com alguém mexendo em sua boca, é hora de escovar. Concentre-se nos lados externos dos dentes de trás, pois eles tendem a acumular mais placa. Os lados dos dentes que ficam voltados para o interior da boca já devem estar razoavelmente limpos, pois essas superfícies são frequentemente raspadas por ração crocante.

Além de escovar os dentes do seu cão regularmente, dê ao seu cão muitos brinquedos de mastigar e brinquedos de corda para roer. Os ossos duros podem limpar os dentes, enquanto os brinquedos de corda funcionam como fio dental para deixar os dentes do seu cão brilhantes.

Foto cortesia de Carla Robertson

Uma razão pela qual é importante escovar os dentes do seu cão regularmente é que isso evita o acúmulo sério de placa e tártaro que só pode ser limpo por um veterinário. Essas limpezas profundas exigem que seu cão passe por anestesia, o que é caro e pode ser difícil para alguns cães. Mas com apenas alguns minutos a cada poucos dias, você pode reduzir muito a quantidade de placa nos dentes do seu cão a ponto de evitar completamente as limpezas profissionais.

Limpando as Orelhas

As orelhas do seu Border Collie devem ser limpas quando estiverem sujas ou se seu cão estiver coçando ou balançando muito a cabeça. Para fazer isso, compre uma solução de limpeza de orelhas no pet shop ou no consultório do seu veterinário. Para quebrar a cera mais profunda no ouvido, coloque um pouco de solução no canal auditivo e massageie a base da orelha. Seu cão vai balançar a cabeça, fazendo com que a cera e o excesso de solução de limpeza saiam. Em seguida, pegue um algodão ou um pano, umedeça-o com solução de limpeza e limpe suavemente a parte externa da orelha. Nunca insira nada pequeno, como um cotonete, no canal auditivo do seu cão.

Se essa limpeza não diminuir a coceira do seu cão, ou se a orelha parecer excessivamente cerosa, com sangue ou inflamada, isso pode ser um sinal de infecção no ouvido. Peça ao seu veterinário para verificar se seu cão não precisa de antibióticos ou outros medicamentos. Se você achar que o processo de limpar as orelhas do seu cão conforto-te deixa desconfortável, a maioria dos veterinários oferece esse serviço a um preço baixo.

Claro, se você achar qualquer uma dessas coisas muito difícil, sempre pode contar com a ajuda de um profissional. Embora você possa ser capaz de cuidar do seu Border Collie em casa, nem sempre é fácil lidar com um cão inquieto, especialmente sozinho. Tanto um tosador quanto um veterinário podem fornecer muitos desses serviços por um preço. Pode ser frustrante tentar cortar as unhas do seu cão quando ele fica puxando a pata de volta no momento exato em que você está pronto para cortar. Os profissionais têm muita experiência e podem cuidar das necessidades de higiene do seu cão quando for demais para você lidar.

Um pouco de cuidado regular pode manter seu cão bonito e saudável. Simplesmente escovar seu cão enquanto você está sentado no sofá assistindo TV pode ser uma experiência agradável que mostra ao seu cão que você se importa, garantindo que sua pelagem fique bonita. Além disso, poder tocar na boca e nas patas do seu cão é uma parte importante para fazer com que ele se sinta confortável com você e confie em você. Border Collies são cães lindos que querem ter a melhor aparência e se sentir bem, e ao passar alguns minutos por dia cuidando deles, você os tornará muito mais confiantes.

CAPÍTULO 16
Cuidados com a Saúde

Não há nada mais importante do que a boa saúde do seu Border Collie. Um Border Collie saudável pode viver, em média, até doze anos, e você vai querer que cada um desses anos seja repleto de felicidade e diversão para o seu cão. A prevenção e uma postura proativa em relação à saúde do seu cão devem manter seu Border Collie saudável até a velhice.

Como discutimos nos capítulos sobre filhotes, ir ao veterinário pode ser assustador para um cão. Mas se você se lembrar de condicionar seu cão a ficar calmo no veterinário, terá uma experiência muito melhor. Ao preparar seu Border Collie para uma consulta veterinária, pratique tocar nos dentes, orelhas e patas do seu cão, além de passar as mãos pelo corpo dele, para que não fique apavorado quando um estranho fizer isso. Boas habilidades de socialização também podem ajudá-lo nesse cenário.

Problemas Comuns de Saúde

Como os Border Collies são curiosos e gostam de farejar em lugares desagradáveis, você pode se ver tendo que lidar com parasitas. Com a prevenção adequada, talvez seja possível evitar completamente algumas dessas criaturas desagradáveis. Mas cães são cães, e se um sugador de sangue se fixar no seu filhote, você vai querer resolver isso imediatamente.

Se você perceber que seu cão está se coçando mais que o normal, especialmente depois de estar ao ar livre ou com outros cães, alergias podem ser a causa. No entanto, geralmente há um culpado mais sinistro em ação. As pulgas são insetos minúsculos que se multiplicam rapidamente e podem deixar seu cão (e você) muito agitados. Se seu cão tem pulgas, você deve matar os insetos em todos os estágios de vida. Isso é mais difícil do que parece, porque ovos minúsculos podem se esconder nas frestas do piso ou tapete e eclodir quando chegar a hora certa.

Para remover as pulgas do seu cão, você precisará fazer algumas coisas diferentes. Primeiro, usar um xampu antipulgas matará a maioria das pulgas e ovos que vivem no seu cão. Depois, você precisará de um pente fino para pulgas e várias horas para sentar e pentear todo o pelo dele e esmagar todas as pulgas que encontrar. Se você não conseguir re-

Foto cortesia de Jill Matthews

mover as pulgas sozinho, talvez precise de um repelente de pulgas com receita do seu veterinário.

Depois, você deve limpar sua casa. Lave toda a roupa de cama em água quente e passe o aspirador em todas as superfícies que seu cão frequenta. Provavelmente você precisará usar um spray pesticida ou uma bomba de fumaça para se livrar das pulgas restantes. Se uma infestação for grave o suficiente, pode levar semanas até que você consiga interromper o ciclo de vida das pulgas.

Os carrapatos são outras criaturas que aparecem nos meses quentes. Esses parasitas tendem a viver em grama alta ou áreas arborizadas e se fixam no seu cão, sugando seu sangue até ficarem satisfeitos. Alguns carrapatos podem carregar doenças que podem ser transmitidas ao seu cão.

Tanto pulgas quanto carrapatos são evitáveis com medicação oral mensal ou aplicação tópica. Esses medicamentos podem repelir ou matar esses parasitas no momento em que mordem seu cão. É importante aplicá-los todos os meses, caso contrário, seu cão ficará novamente vulnerável a pulgas e carrapatos.

Parasitas internos são outro problema comum em cães, principalmente porque eles são conhecidos por comer praticamente qualquer coisa nojenta que encontram no chão. Vermes intestinais podem deixar seu cão bem doente. Alguns sintomas gerais são diarreia, vômito e perda de peso. Claro, você também pode encontrar vermes nas fezes. Seu veterinário vai querer uma amostra de fezes para diagnosticar o tipo de verme que seu filhote tem, a fim de prescrever o medicamento mais eficaz.

O verme do coração é outro parasita que pode ser mortal em cães. As larvas entram na corrente sanguínea a partir da picada de um mosquito e chegam ao coração, onde se desenvolvem em vermes. Se não for tratado imediatamente, o verme do coração pode causar morte; no entanto, é extremamente evitável. Após um teste de sangue inicial para verificar a presença do verme do coração, seu veterinário prescreverá um medicamento preventivo mensal que impedirá o desenvolvimento de vermes do coração no seu cão, caso ele receba uma picada de um mosquito infectado.

Problemas Comuns em Border Collies

Embora uma boa reprodução possa eliminar muitas doenças genéticas, existem algumas doenças que são comuns em Border Collies. Um bom criador deve mostrar provas de que seus cães não sofrem dessas doenças, mas é uma boa estar ciente delas para que você possa dar ao seu cão o cuidado necessário. Claro, seu Border Collie pode passar a vida inteira sem sofrer dessas condições, mas, infelizmente, muitas condições se manifestam na idade adulta.

A displasia de quadril (ou coxofemoral) é um problema comum em raças de cães grandes. Isso ocorre quando a articulação do quadril não se encaixa adequadamente. Isso pode levar a danos nas articulações, dor e dificuldade de locomoção. Alguns sintomas incluem marcha anormal, mancar, dificuldade para se levantar da posição deitada e dor com movimento. Para diagnosticar essa condição, seu veterinário fará uma radiografia do quadril afetado. Suplementos para articulações, medicamentos para dor e anti-inflamatórios podem ajudar com a dor. Em alguns casos, a cirurgia pode ser necessária.

Problemas oculares também são muito comuns em Border Collies. A anomalia ocular do Collie é uma doença genética que ocorre em diferentes tipos de collies e outros cães pastores. Essa doença pode causar perda de visão em cães e, muitas vezes, cegueira total. Normalmente, essa doença específica pode ser diagnosticada quando o Border Collie ainda é filhote.

Essa raça também sofre comumente de Atrofia Progressiva da Retina. Essa condição também é detectada durante exames em idade pre-

Foto cortesia de
Marion Mushardt

coce. Os sintomas podem variar de cegueira noturna a outros graus de deficiência visual. Embora não haja cura para essas condições oculares, elas geralmente não afetam a qualidade de vida do cão. Na verdade, com a deterioração progressiva dos olhos, você pode nem notar diferença porque seu cão inteligente se adapta rapidamente à perda de visão.

Os Border Collies também podem sofrer de sensibilidade a ruídos a ponto de desenvolverem fobias. Não é consenso se esse traço é herdado ou adquirido no início da vida, mas pode dificultar a realização de atividades normais do dia a dia com seu cão. Muitos cães têm medo de barulhos altos. Na verdade, as clínicas veterinárias ficam cheias de tutores de cães procurando sedativos para seus filhotes durante a temporada de festas juninas porque os fogos de artifício são muito estressantes. Muitos donos de cães podem encontrar seus cães encolhidos no canto durante uma tempestade. Mas às vezes esse medo pode se estender a qualquer som estranho, como um carro estourando o escapamento ou um caminhão de lixo dando ré. Se esse medo se tornar grave o suficiente, pode impedir que seu Border Collie saia para passear ou até mesmo saia de casa para fazer suas necessidades.

Um medo prolongado como esse não pode ser medicado, já que os veterinários normalmente dão sedativos para uso de curto prazo, como para um show de fogos de artifício ou uma viagem estressante de carro.

Em vez disso, você terá que trabalhar com seu Border Collie para diminuir seus medos. Se seu cão tem um certo ruído que o assusta, tente encontrar uma gravação dele. Reproduza o som em níveis baixos enquanto seu cão come a janta, depois aumente progressivamente o volume até que o som esteja em um nível razoavelmente alto e ele seja capaz de permanecer calmo.

Para um cão ansioso, você deve continuar trabalhando na socialização e indo a novos lugares. Comece devagar e recompense cada marco com um petisco. Se seu cão nervoso não conseguiu sair para passear por medo, mas consegue dar uma volta no quarteirão, dê muitos petiscos e elogios. Continue trabalhando com seu cão e não ceda aos medos dele. Em vez disso, ensine-o que não há nada com que se preocupar e que você sempre o manterá seguro.

Tratamentos Holísticos e Suplementos

Enquanto alguns donos de cães confiam na ciência veterinária moderna, outros optam por uma abordagem holística. Em geral, o tratamento veterinário holístico se concentra em curar doenças por meio de

Foto cortesia de
Elizabeth Windle

tratamentos "naturais" em vez de farmacêuticos. Embora algumas doenças possam potencialmente ser curadas com compostos que crescem na natureza, isso não é apropriado para todas as situações.

O que muitas pessoas esquecem é que só porque um tratamento é encontrado na natureza, não significa necessariamente que seja seguro. Se seu cão tem uma condição não diagnosticada ou está tomando certos medicamentos, alguns remédios à base de ervas podem causar interações perigosas. Isso não significa que todo cuidado veterinário holístico seja pseudociência, mas lembre-se de que podem surgir complicações. Se você está pensando em usar um remédio natural, converse com seu veterinário. Ele pode dar conselhos úteis e fazer recomendações. Lembre-se, seu veterinário quer o melhor para seu Border Collie e fará recomendações com base em sua experiência.

Os suplementos costumam ser controversos quando se trata da saúde do seu pet. Embora você pense que seu cão possa precisar de um multivitamínico para ser super saudável, a ração contém praticamente tudo o que ele precisa. Se você acidentalmente der ao seu cão vitaminas e minerais em excesso, isso pode deixá-lo muito doente.

É melhor conversar com seu veterinário sobre suplementos se você acha que seu cão pode se beneficiar com o uso de algum. Por exemplo, muitos veterinários recomendam suplementos para articulações como primeiro passo se seu cão tem problemas nas articulações. Ou, se seu Border Collie não estiver bem, seu veterinário pode encontrar uma deficiência de nutrientes no sangue ou na urina que pode ser remediada com um determinado suplemento. Todos querem que seu Border Collie seja o mais saudável possível, mas quando se trata de dar ao seu cão uma seleção de comprimidos e tabletes, seja cauteloso. Consulte um veterinário primeiro.

Vacinações

Antes mesmo de você levar seu Border Collie para casa, ele já deve ter passado pela primeira rodada de vacinações. Algumas doenças contra as quais os veterinários vacinam são hepatite, raiva, parvovirose, cinomose e bordetellose. Todas essas doenças são muito contagiosas e podem ter efeitos prejudiciais ao seu cão se ele ficar doente. Dependendo do calendário de vacinação do seu veterinário, seu cão será vacinado várias vezes durante os primeiros anos. Algumas vacinas, como a antirrábica, são exigidas por lei e têm um cronograma que varia de estado para estado.

As vacinações são necessárias por vários motivos. Em primeiro lugar, se seu cão não for suscetível a uma determinada doença, você pode ficar tranquilo sabendo que seu cão nunca terá que sofrer com um caso grave de tosse dos canis. O preço de uma vacina não é nada comparado ao quão caro pode ser hospitalizar seu cão.

A vacinação também é importante quando se trata da erradicação de certas doenças. Quanto mais cães forem imunes a uma doença, menos cães poderão espalhar a doença. Então, quando você vacina seu cão, está potencialmente salvando a vida de outros cães que são muito jovens ou que, por outros motivos, não podem ser totalmente vacinados.

Seu Cão Idoso

Foto cortesia de Dawson McClements

Embora pareça quase impossível, chegará o dia em que seu Border Collie começará a desacelerar. A idade avançada nesses cães começa por volta dos oito anos, mas você pode descobrir que seu Border Collie ainda está cheio de energia brincalhona nessa idade. Por volta dessa época, você perceberá que as necessidades alimentares e de exercício do seu cão mudarão, e você deve estar ciente disso. Cães idosos precisam de menos calorias, então se você notar que seu cão velho está ficando gordinho, você deve reduzir gradualmente a comida dele até que seu peso volte ao normal.

Você também perceberá que seu cão se cansa mais facilmente. Continuar o exercício é importante para manter um cão idoso feliz e saudável, mas a maneira como ele se exercita pode precisar mudar. Em vez de correr pelo bairro, você deve desacelerar para uma caminhada agradável e tranquila. Jogos e atividades que exigem escalar ou pular podem ser substituídos por jogos nos quais as quatro patas permanecem no chão. Cães velhos não são tão resilientes quanto filhotes jovens, então uma lesão leve manterá um Border Collie idoso afastado por mais tempo.

Seu Border Collie idoso provavelmente passará mais tempo dormindo e se aconchegando ao seu lado, e isso é normal. Esses são anos especiais para passar com seu Border Collie, já que eles não são mais uma bola de energia selvagem. No entanto, mesmo cães velhos querem brincar. Jogos de quebra-cabeça mantêm a mente de um cão velho afiada e ativa.

Em algum momento, chegará um ponto em que a saúde do seu Border Collie estará em declínio. Embora seja sempre triste ver a saúde do seu cão falhar, existem alguns sinais de que é hora de dizer adeus. Se seu cão está com tanta dor que não consegue andar, não consegue ir lá fora e ficar de pé para fazer suas necessidades, ou não consegue comer ou beber, pode ser hora de dizer adeus. Pode ser difícil perder seu melhor amigo peludo, mas você pode estar mostrando bondade se o sofrimento dele for muito grande.

No entanto, consulte um veterinário antes de dizer seus últimos adeus. Às vezes, cães velhos têm condições não diagnosticadas que são atribuídas à velhice. Se houver um tratamento para essas doenças, você pode ganhar um pouco mais de tempo com seu Border Collie.

Um check-up anual pode fazer maravilhas pela saúde do seu pet. Dessa forma, você tem uma boa linha de comunicação com seu veterinário para que possa fazer perguntas sobre coisas que surgiram recentemente. Com visitas regulares, seu veterinário será capaz de identificar diferenças na saúde do seu cão em comparação com a última visita. Quanto mais cedo uma doença for detectada, melhor será o resultado.

Os Border Collies são uma alegria absoluta como animais de estimação. Esses cães são bonitos, inteligentes e brincalhões. Eles adoram testar seus donos e dar as ordens, mas no final do dia, são capazes de seguir comandos. Você nunca encontrará outro cão como eles, pois são capazes de correr por aí em um minuto e se aconchegar ao seu lado no minuto seguinte.

Tudo o que seu Border Collie quer é um propósito. Embora eles possam deixá-lo maluco quando estão entediados, é incrível vê-los trabalhar. Seja o "trabalho" do seu Border Collie cuidar do gado, afugentar os coelhos e pássaros do seu jardim, ou apenas ser um companheiro amoroso, você descobrirá que seu Border Collie fará qualquer coisa pelo amor e carinho com os quais você o recompensa.

www.ingramcontent.com/pod-product-compliance
Lightning Source LLC
Chambersburg PA
CBHW061649120626
46550CB00003B/882